学研の
ヒューマンケア
ブックス

特別支援教育で役立つ

たし算・ひき算の 計算ドリル

算数障害のある子への
指導法もわかる

熊谷恵子・山本ゆう 著

Gakken

もくじ

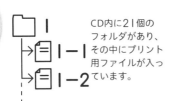

CD内に21個の
フォルダがあり、
その中にプリント
用ファイルが入っ
ています。

データ内の番号表示について

何枚目のプリントであるかを表示

「10までの　数」「5の　合成」など学習の内容を表示

※フォルダ内に、「学習のポイントとすすめ方」にある活動で使用する、表やカードなどのデータが収録されている場合もあります。

はじめに
本書の使い方

算数は次々と新しいことを学習していきますので、以前に学習した内容を習得しておかないと、どんどん負担が増していきます。計算では基礎の習得が特に重要となります。

5の合成・分解

　子どもがすでに知っていると思われる場合でも、「5の合成・分解」を確実に定着させることは、とても重要です。

　1、2、3のドットは、一目把握（ひとめみて数がわかる）ができますが、4は2と2、5は3と2、あるいは2と3というように、一目把握できる数に分けて、たし算しています。つまり、計算の土台となる5という数は簡単に把握できる数ではないので具体物でイメージする経験を重ねてから、最終的に数と数の計算ができるようにします。

　本書では、5という数がいくつの数といくつの数でできているのかということを丁寧に学習していきます。ここをしっかりやらずに通り越してしまうと、計算するスピードがいつまでも速くならないということが起こります。

3以下の数は　ひとめでわかる　　### 4以上の数は　分けるとわかる

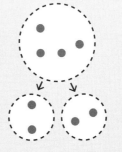

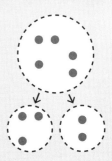

５といくつ

　「５の合成・分解」の次は、「５といくつ」を学習します。６は〔５と１〕、７は〔５と２〕、……１０は〔５と５〕の組み合わせになることがわかると、「１０の合成・分解」ができなくても、くり上がり、くり下がりのある計算ができるようになります。

　例えば、７＋８を行う場合、７は〔<u>５</u>と<u>２</u>〕、８は〔<u>５</u>と<u>３</u>〕なので、５といくつのたし算〔<u>５</u>＋<u>５</u>〕と５の合成・分解のたし算〔<u>２</u>＋<u>３</u>〕に分けて計算ができます。

　同様に、１５－７の場合は、１５は〔１０と５〕、７は〔５と２〕となり、１５の１０から５を引き、さらに５－２を行います。

　このように、５までの数がイメージできればくり上がり、くり下りのある計算もできるのです。計算が苦手な子は、１０までの数を頭の中で一列にイメージすることが難しいので、５という数をもとにすることで、計算がしやすくなります。

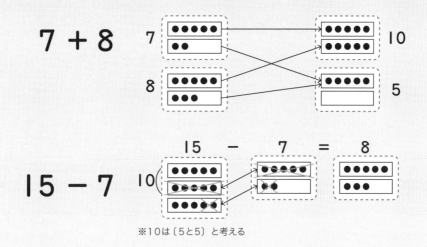

※１０は〔５と５〕と考える

１０の合成・分解

　「５の合成・分解」「５といくつ」の理解をベースとして、１０までの数を２つに分けることができれば、くり上がりとくり下がりは正確に速くできるようになります。

　２０までの簡単な計算でつまずいている場合、数字（例：３）と数詞（例：さん）と具体物（例：猫が３匹いる）の関係や、数の順番の理解があやふやである、足して５や１０になる組み合わせが習得できていないなどが、その背景として考えられます。具体物の数を数えたり、数を「いち、に、さん」と唱えながら配ったりなど、生活の中で意識的に数を扱う経験を増やすようにしていきましょう。本書のプリントページのうち最初の方で少し紹介してあります。

　次に、本書の簡単な活動で計算イメージをつかみ、そのあと一人でも解きやすい計算問題で理解を定着させます。最終的に、２０までの、くり上がり・くり下がりのない２桁の数同士のたし算・ひき算ができるようになることを、本書では目指しています。

　なお、一般的には、たし算とひき算を別々に習うことが多いのですが、それらは表裏の関係であり、合わせて理解したほうが定着しやすいため、本書では合成・分解を交互に学習します。

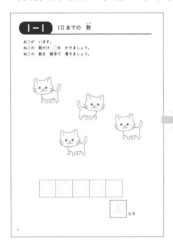

数字・数詞・具体物（半具体物）の
関係を身近な例で、確認する

かんたん・楽しい活動で
計算のイメージをつかむ

一人で計算にどんどん取り組み
定着を図る

　本書では、算数の基盤であり重要な「５の合成・分解」「５といくつ」そして「１０の合成・分解」を中心に、短時間で楽しく行える活動と計算問題を交互に取り組めるよう構成してあります。もし一人で問題に取り組んでみてできないところがあった場合は、それに関連する楽しい活動を再びやってみてください。多くの子どもたちが、計算することに自信をもてるようになることを願っています。

２０２０年１０月

熊谷恵子・山本ゆう

CD-ROMの使い方

> ⚠️ **注 意** ご使用前に必ずお読みください。
>
> ●本来の目的以外の使い方はしないでください。
> ●必ず対応のパソコンで再生してください。
> ●直射日光の当たる場所で使用または放置・保管しないでください。反射光で火災の起きるおそれや
> 　目を痛めるおそれがあります。
> ●ディスクを投げたり、振り回すなどの乱暴な扱いはしないでください。
> ●ひび割れ・変形・接着剤で補修したディスクは使用しないでください。
> ●火気に近づけたり、熱源のそばには放置しないでください。
> ●使用後はケースに入れ、幼児の手の届かないところに保管してください。

＜取り扱い上の注意＞

・ ディスクは両面ともに、指紋・汚れ・キズ等を付けないように扱ってください。
・ ディスクは両面ともに、鉛筆・ボールペン・油性ペン等で文字や絵を書いたり、シール等を貼り付けないでください。
・ ディスクが汚れた場合は、メガネ拭きのような柔らかい布で、内周から外周に向かって放射状に軽く拭いてください。
・ レコードクリーナー、ベンジン・シンナー等の溶剤、静電気防止剤は使用しないでください。
・ 直射日光の当たる場所、高温・多湿な場所での保管は、データの破損につながることがあります。また、ディスクの上から重たいものを載せることも同様です。

＜利用についての注意＞

・ CD-ROMドライブ搭載のパソコンで再生してください（OSやマシンスペック等により再生できないことがあります。この場合は各パソコン、ソフトのメーカーにお問い合わせください）。
・ CD-ROMに収録されているデータはPDFファイルです。PDFファイルをご覧になるにはアドビシステムズ社が配布しているAdobe Readerが必要です（無償）。Adobe Readerをインストールすることにより、PDFファイルの閲覧・印刷が可能になります。ダウンロードについては、アドビシステムズ社のサイト（https://adobe.com/jp/）をご確認ください。Adobe® Reader®はアドビシステムズ社の米国および／または各国での商標または登録商標です。Adobe Readerの不具合や利用方法については、アドビシステムズ社にお問い合わせください。

＜操作方法＞

・ パソコンのCD-ROMドライブにディスクを挿入して、内容を確認してください。
・ CD-ROMには、プリントのジャンルごとにフォルダが作成されています。フォルダの中には、プリントファイルが入っています。ご覧になりたいファイルをダブルクリックするなどして、開いてください。

＜権利関係＞

・ 本CD-ROMに収録されている著作物の権利は、株式会社学研教育みらい、または、当該収録物の著作権者に帰属します。
・ このCD-ROMを個人で使用する以外は、権利者の許諾なく譲渡・貸与・複製・インターネット等で使用することを禁じます。
・ 図書館での館外貸与は認めません。

 【館外貸出不可】
※本書に付属のCD-ROMは、図書館およびそれに準ずる施設において、館外へ貸し出すことはできません。

＜問い合わせ先＞

・ CD-ROMの内容や不具合に関するお問い合わせ先は、下記にお願いします。
株式会社学研教育みらい　「ヒューマンケアブックス」担当
電話03-6431-1576（受付時間9時〜17時　土日・祝日を除く）

10までの 数

ねこが います。
ねこの 数だけ ○を かきましょう。
ねこの 数を 数字で 書きましょう。

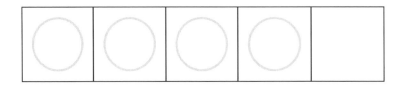

4 ひき

1-2　10までの　数

1　犬が　います。
　　犬の　数だけ　○を　かきましょう。
　　犬の　数を　数字で　書きましょう。

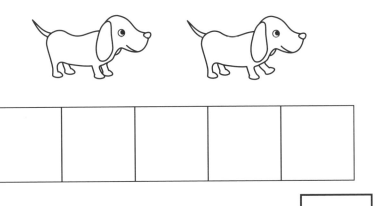

ひき

2　鳥が　います。
　　鳥の　数だけ　○を　かきましょう。
　　鳥の　数を　数字で　書きましょう。

びき

1-3　10までの　数^{かず}

1　かにが　います。
　　かにの　数^{かず}だけ　○を　かきましょう。
　　かにの　数を　数字^{すうじ}で　書^かきましょう。

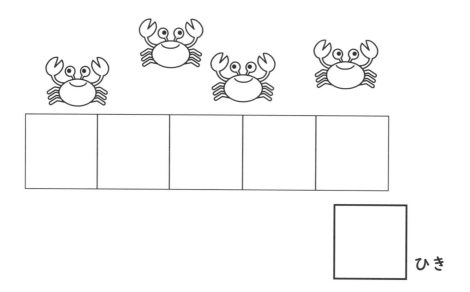

ひき

2　かめが　います。
　　かめの　数^{かず}だけ　○を　かきましょう。
　　かめの　数を　数字^{すうじ}で　書^かきましょう。

ひき

1-4　10までの　数

1　○を　6こ　かきましょう。

2　○を　7こ　かきましょう。

3　○を　8こ　かきましょう。

4　○を　9こ　かきましょう。

5　○を　10こ　かきましょう。

2−1 20までの 数

[1] あいている ○に 数を 書きましょう。

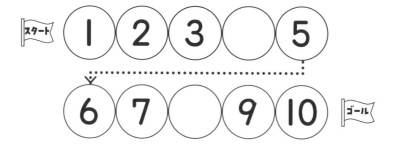

[2] あいている ○に 数を 書きましょう。

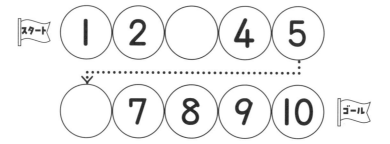

[3] あいている ○に 数を 書きましょう。

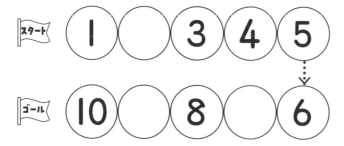

[4] あいている ○に 数を 書きましょう。

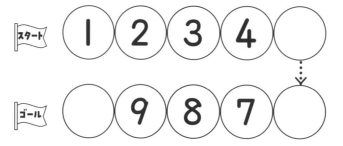

2-2　20までの 数(かず)

1 あいている ○に 数(かず)を 書(か)きましょう。

スタート 1 2 3 ◯ 5 6 7 ◯ 9 10
11 12 ◯ 14 15 16 ◯ 18 ◯ 20 ゴール

2 あいている ○に 数を 書きましょう。

スタート 1 2 ◯ 4 ◯ 6 7 8 9 ◯
11 12 13 ◯ 15 16 17 18 19 ◯ ゴール

3 あいている ○に 数を 書きましょう。

スタート 1 2 ◯ ◯ 5 6 7 ◯ 9 10
ゴール ◯ 19 ◯ 17 16 ◯ 14 13 ◯ ◯

4 あいている ○に 数を 書きましょう。

スタート 1 ◯ 3 4 ◯ 6 ◯ 8 9 ◯
ゴール 20 19 18 17 ◯ 15 ◯ ◯ 12 ◯

2-3　20までの　数

1　あいている　○に　数を　書きましょう。

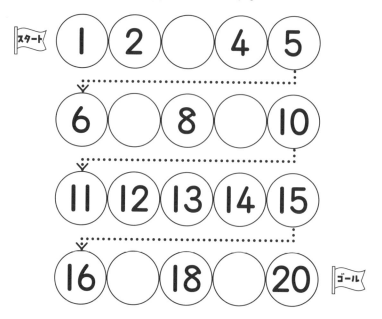

2　あいている　○に　数を　書きましょう。

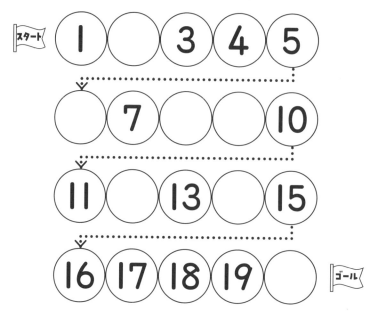

2-4　20までの 数

① あいている ○に 数を 書きましょう。

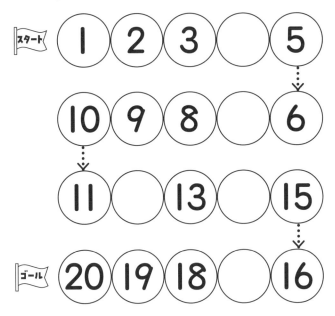

② あいている ○に 数を 書きましょう。

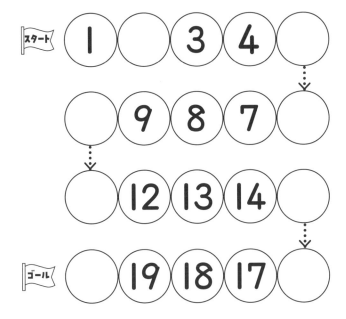

5までの 数

犬が 2ひき います。
2つの 家に 犬を それぞれ 入れます。

下の 家の 中に 犬の 絵を かきましょう。

※どちらの 家にも 1ぴきは 入れます。

3-2　5までの　数

金魚が　3びき　います。
2つの　水そうに　金魚を　それぞれ　入れます。

下の　水そうの　中に　金魚の　絵を　かきましょう。

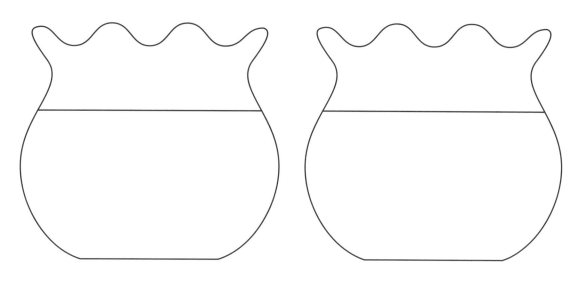

ほかの　分けかたを　考えて, 金魚の　絵を　かきましょう。

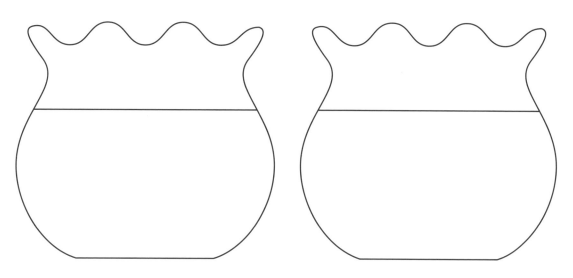

※どちらの　水そうにも　Ⅰぴきは　入れます。

3-3 5までの 数

えんぴつが 4本 あります。
2つの ふでばこに えんぴつを それぞれ 入れます。

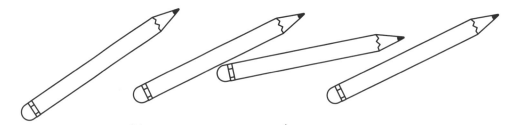

下の ふでばこの 中に えんぴつの 絵を かきましょう。

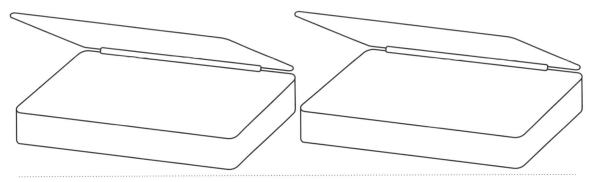

ほかの 分けかたを 考えて，えんぴつの 絵を かきましょう。

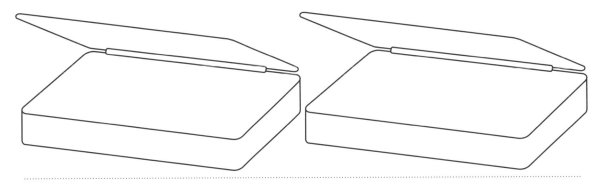

ほかの 分けかたを 考えて，えんぴつの 絵を かきましょう。

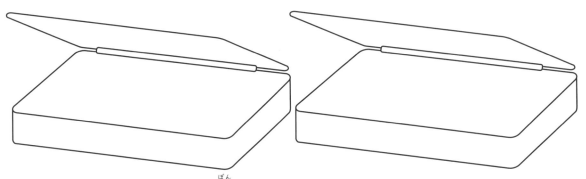

※どちらの ふでばこにも 1本は 入れます。

あめが　5つ　あります。
2まいの　おさらに　あめを　それぞれ　入^いれます。

下^{した}の　おさらの　中^{なか}に　あめの　絵^えを　かきましょう。

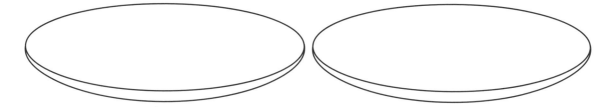

ほかの　分^わけかたを　考^{かんが}えて，あめの　絵を　かきましょう。

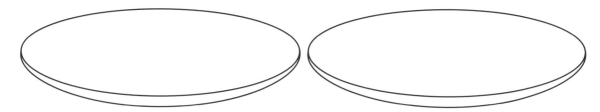

ほかの　分けかたを　考えて，あめの　絵を　かきましょう。

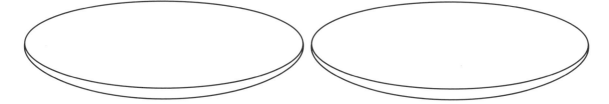

ほかの　分けかたを　考えて，あめの　絵を　かきましょう。

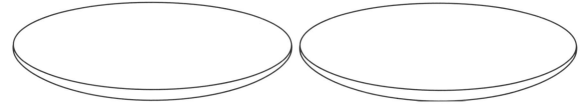

※どちらの　おさらにも　1つは　入れます。

4 5の合成

学習のポイントとすすめ方

「5じゃん」で5の補数※を理解する

自分の手や指を動かして、5の補数を理解させます。

「5じゃん」のやり方

◎大人が出す手（片手）の指の数を見て、あといくつ自分の指を出せば合わせて5になるのか
　を考えて出します。

◎大人が「じゃんけん、ポン」と先に指を出し、その指を見た子どもが「あと出しじゃんけん」
　のタイミングで手を出します。

5の補数の合成を、たし算の式で理解する

　子どもが十分に活動して慣れたら、大人の指の数と子どもの指の数を合わせると5になるこ
とを理解させ、たし算の式と対応させます。

※補数…ある数を構成する2つの数。例えば5の補数は「1」と「4」、「2」と「3」。

□の 中に 入る 数を 書きましょう。

①

⇨ 3 + 2 = □

②

⇨ 4 + 1 = □

③

⇨ 1 + 4 = □

5　5 の分解

学習のポイントとすすめ方

5 の補数の分解を、ひき算の式で理解する

　「5じゃん」で5の補数が十分に理解できるようになったら（P20〜21）、「5じゃん」の活動をひき算の式と対応させます。

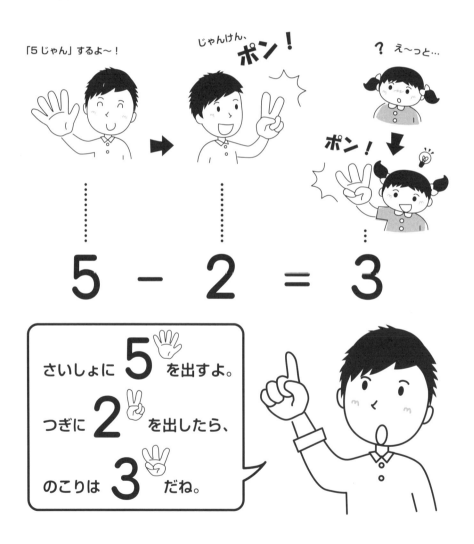

□の 中に 入る 数を 書きましょう。

① 5 − 2 =

② 5 − 3 =

③ 5 − 4 =

④ 5 − 1 =

5−2

□の 中に 入る 数を 書きましょう。

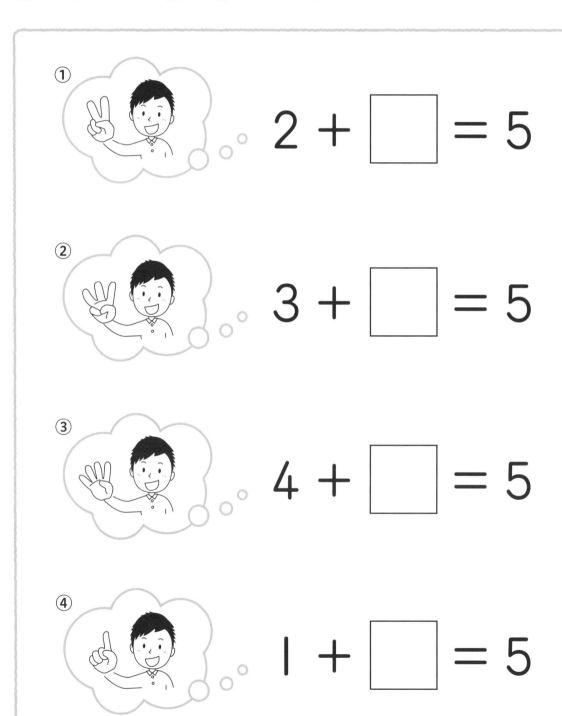

① $2 + \boxed{} = 5$

② $3 + \boxed{} = 5$

③ $4 + \boxed{} = 5$

④ $1 + \boxed{} = 5$

□の 中に 入る 数を 書きましょう。

①  $5 - 2 = \boxed{}$

②  $5 - 3 = \boxed{}$

③  $5 - 4 = \boxed{}$

④  $5 - 1 = \boxed{}$

○の 中に 入る 数を 書きましょう。

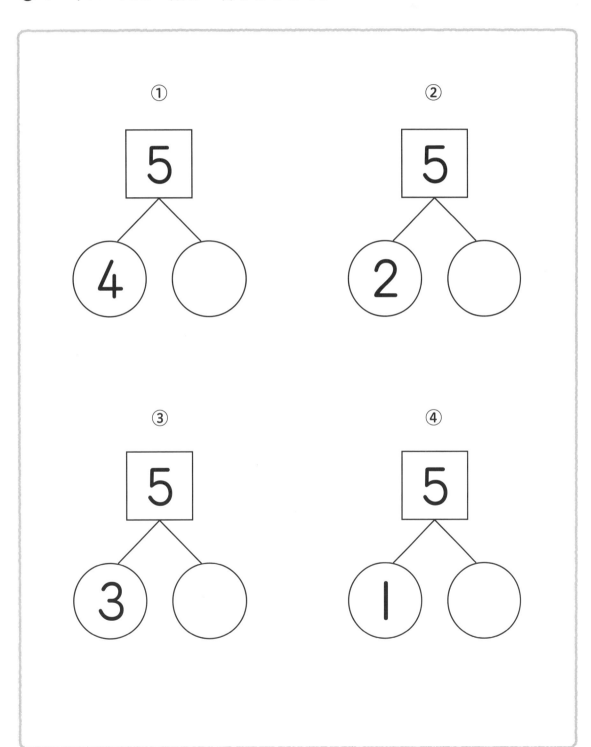

5−5

○の　中に　入る　数を　書きましょう。

① 5 ＝ 4 ○

② 5 ＝ 2 ○

③ 5 ＝ 3 ○

④ 5 ＝ 1 ○

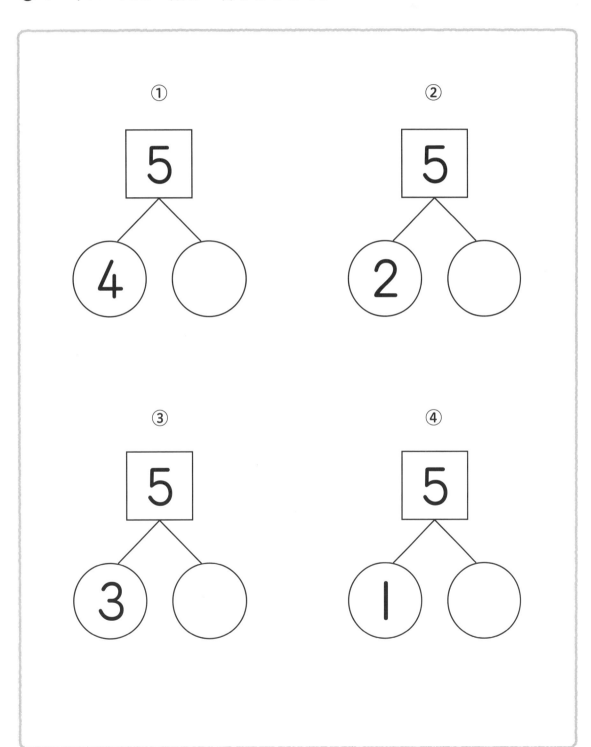

4 以下の数の合成

学習のポイントとすすめ方

「はてなボックス」で数の合成を理解する

4 以下の数の合成を、体の感覚を使いながら理解させます。

「はてなボックス」の作り方

① 左右に子どもの手が入るくらいの穴をあけた 30 × 20 × 20cm くらいの「はてなボックス」を作ります。

② 1cm 角くらいのブロックまたはビー玉を 5 ～ 6 個、はてなボックスの中に入れます。

③ サイコロの目のように、2 ～ 4 までの数を示した**数カード**や**数字カード**用意します（付属の CD-ROM 6-card 参照）。

【数カード】

【数字カード】

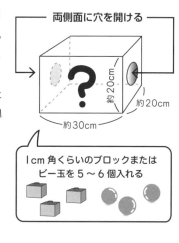

両側面に穴を開ける

約20cm
約20cm
約30cm

1cm 角くらいのブロックまたはビー玉を 5 ～ 6 個入れる

「はてなボックス」（数の合成）の使い方

① 子どもに「中を見ないこと」「必ず両方の手でブロックをつかむこと（片手だけではダメ）」を伝えます。

② 大人は数カード or 数字カードを 1 枚選んで子どもに見せます。

③ 子どもは数カード or 数字カードに書いてあるのと同じ数のブロック（またはビー玉）を、両手を使って箱の中を見ずに取り出し、皿の上に置きます。

カードの数と同じ数だけブロックを取ってね！

3 つだ！

大人の持っている皿にのせさせます。

4 以下の数の合成を、式で理解する

子どもの両手にあるブロック（またはビー玉）の数を合わせると、大人が提示した数になることを式で表して理解させます。

□の 中に 入る 数を 書きましょう。

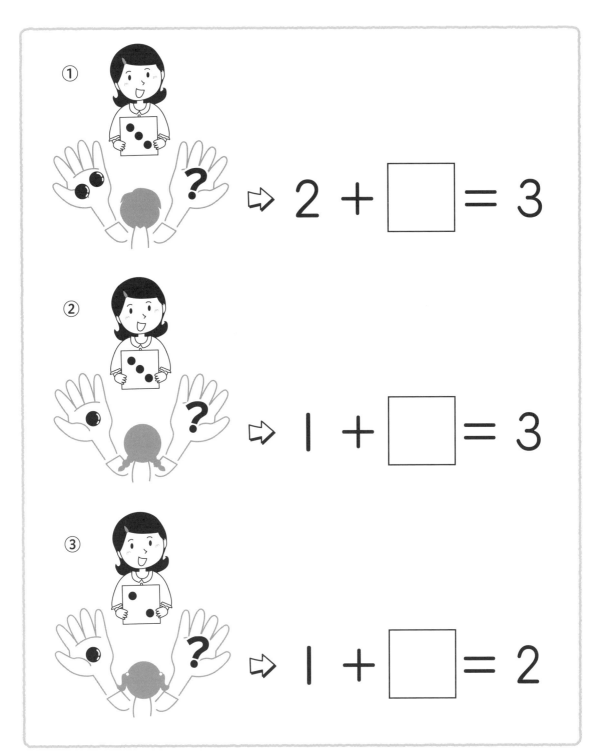

① ⇨ 2 + □ = 3

② ⇨ 1 + □ = 3

③ ⇨ 1 + □ = 2

□の 中に 入る 数を 書きましょう。

①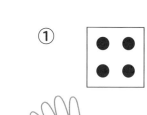

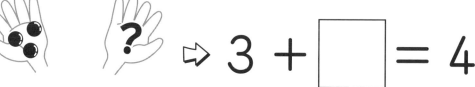 ⇨ 3 + □ = 4

②

⇨ 2 + □ = 4

③

 ⇨ 1 + □ = 4

□の 中に 入る 数を 書きましょう。

① 1 + 1 = □

② 3 + 1 = □

③ 2 + 2 = □

④ 1 + 3 = □

⑤ 1 + 2 = □

⑥ 2 + 1 = □

7 ４以下の数の分解

学習のポイントとすすめ方

「おはじきかくし」で数の分解を理解する

「はてなボックス」で４以下の数の合成を理解できたら（P28〜31）、次は４以下の数の分解を理解させます。

◎具体物を使った「おはじきかくし」の活動で、視覚的に数の成り立ちを理解させます。

「おはじきかくし」のやり方

【用意するもの】
おはじき（同じ種類のペットボトルのキャップなどでもよい）４個、大きめの紙コップ

① 大人は机の上に、はじめに提示する数のおはじきを置いて子どもに見せます。
② 子どもに目をつぶらせて、机の上に置かれたおはじきのうち、いくつかを紙コップの中に隠します。
③ 目を開けた子どもは、紙コップの中に隠れているおはじきの数を答えます。

４以下の数の分解を、ひき算の式で理解する

大人がはじめに提示した数から、コップで隠されずに見えているおはじきの数を引くと、コップに隠れたおはじきの数になることを式で表して理解させます。

□の 中に 入る 数を 書きましょう。

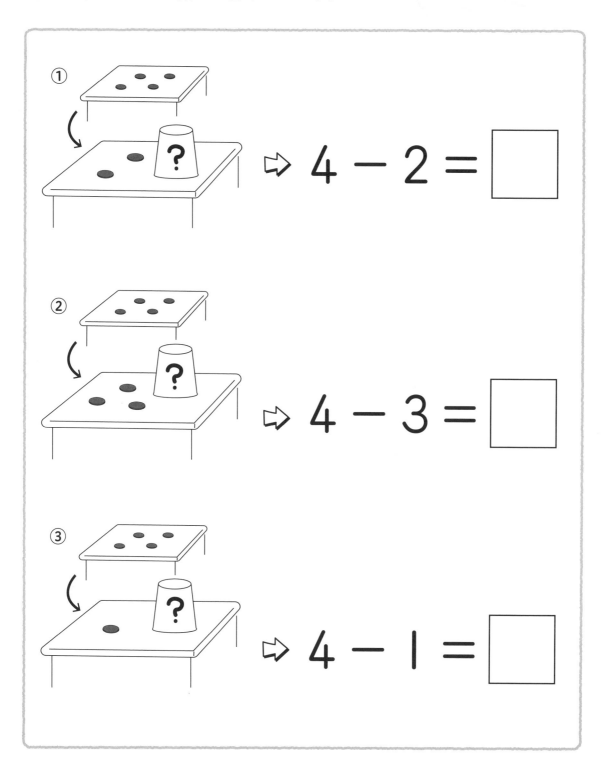

① ⇨ 4 − 2 = □

② ⇨ 4 − 3 = □

③ ⇨ 4 − 1 = □

□の 中に 入る 数を 書きましょう。

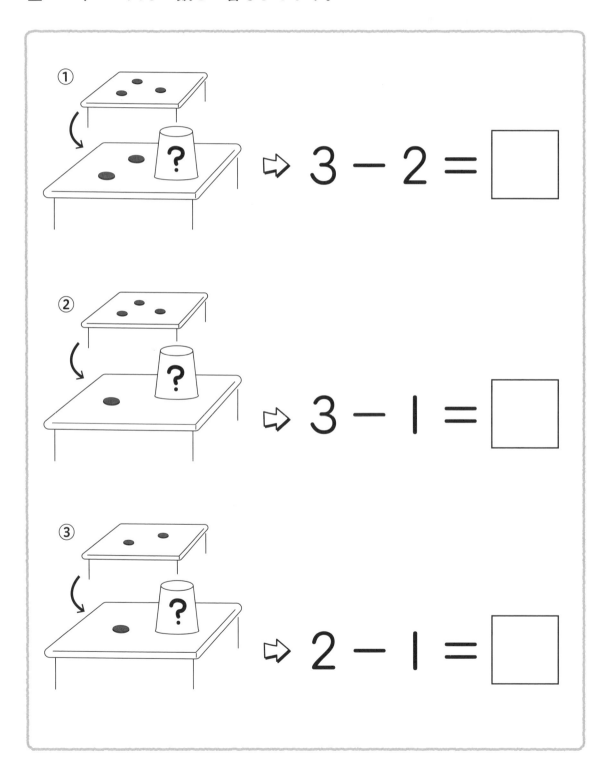

① ⇨ 3 − 2 = ☐

② ⇨ 3 − 1 = ☐

③ ⇨ 2 − 1 = ☐

□の 中に 入る 数を 書きましょう。

① 3 − 1 = ☐

② 4 − 2 = ☐

③ 3 − 2 = ☐

④ 4 − 1 = ☐

⑤ 2 − 1 = ☐

⑥ 4 − 3 = ☐

加法交換法則

学習のポイントとすすめ方

たし算は、順番を逆にしても答えが同じになることを理解する

　加法交換法則とは、たし算に出てくる数字の前後を入れ替えることができるということです。例えば、A+B は B+A にすることもできる、ということです。

合わせて 5 になる数で、加法交換法則を理解する

　「2 + 3」は「3 + 2」にしても答えは 5 で同じであることを、5 の補数（P20）を用いて繰り返し学習します。

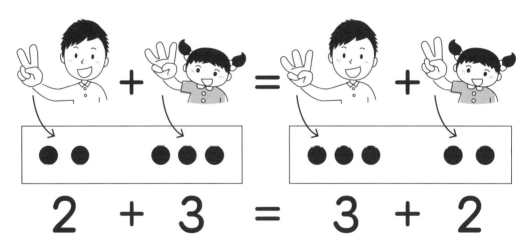

答えが 5 以下になる数で加法交換法則を理解し、たし算の式に対応させる

　5 の補数の組み合わせが理解できたら、足して答えが 5 以下になる数の組み合わせを理解し、たし算の式に対応させます（付属の CD-ROM 8-card 参照）。

これは 2 と 3。
全部で 5 だね。

こうすると、増えたかな？
減ったかな？
そう、変わらないね！

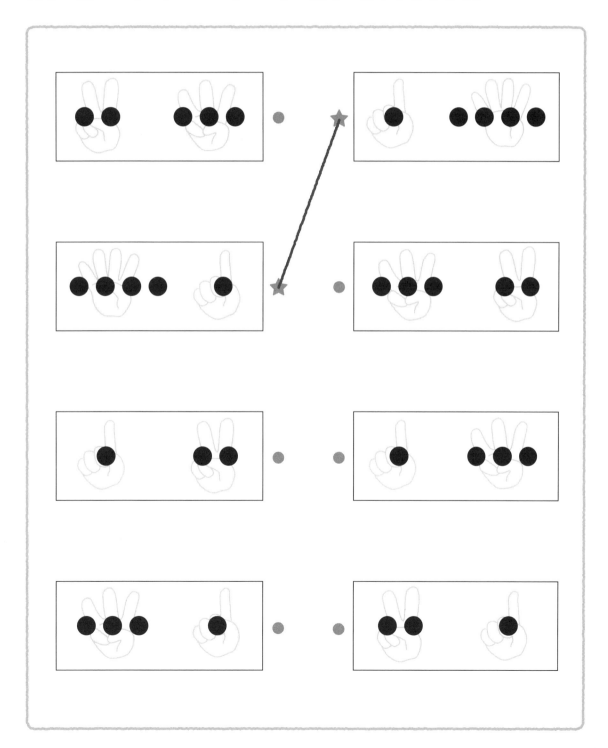

★の しるしで むすんだ 線の ように,
同じ 数の カードの ●と ●を 線で むすびましょう。

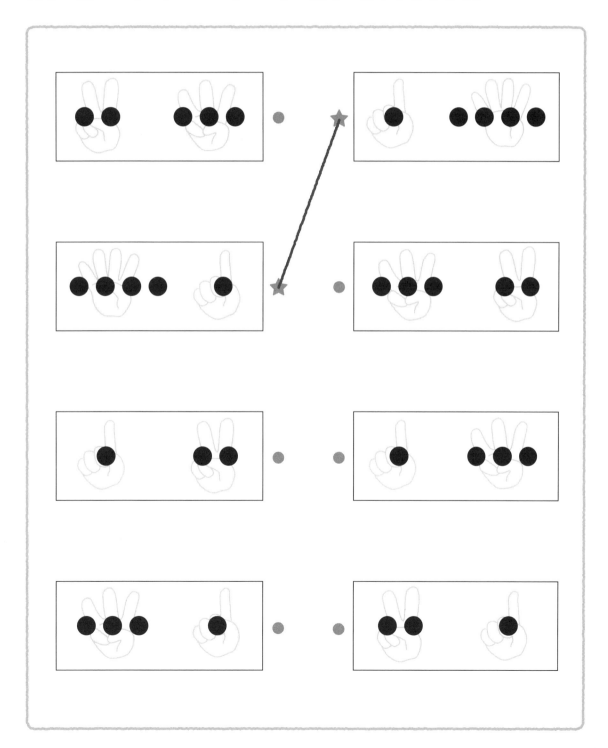

★の しるしで むすんだ 線の ように，
同じ 数の カードの ●と ●を 線で むすびましょう。

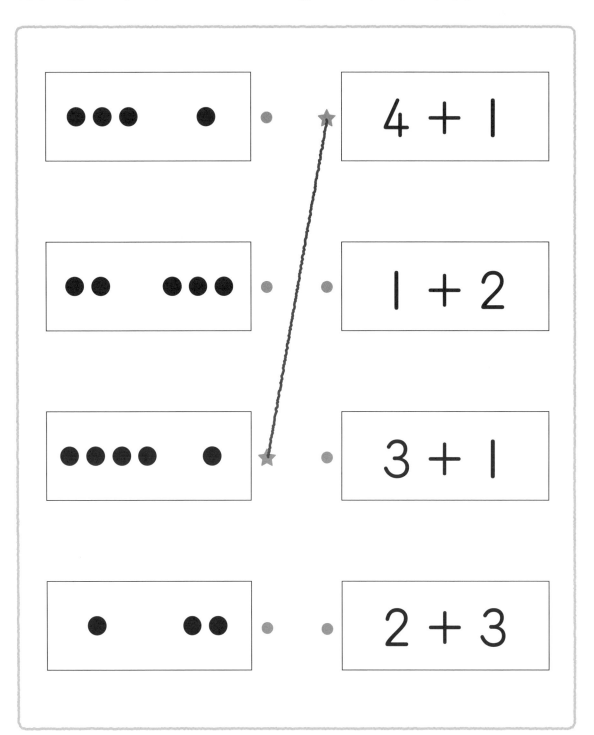

★の しるしで むすんだ 線の ように，
同じ 数の カードの ●と ●を 線で むすびましょう。

1 + 2	1 + 4
2 + 3	2 + 1
4 + 1	1 + 3
3 + 1	3 + 2

□の 中に 入る 数を 書きましょう。

① 1 ＋ 2 ⇔ 2 ＋ □

② 3 ＋ 1 ⇔ 1 ＋ □

③ 2 ＋ 3 ⇔ 3 ＋ □

④ 4 ＋ 1 ⇔ 1 ＋ □

8 − 5

□の 中に 入る 数を 書きましょう。

① 1 ＋ 2 ⇔ □ ＋ 1

② 3 ＋ 1 ⇔ □ ＋ 3

③ 2 ＋ 3 ⇔ □ ＋ 2

④ 4 ＋ 1 ⇔ □ ＋ 4

□の 中に 入る 数を 書きましょう。

① 1 + □ ⇔ 2 + 1

② 3 + □ ⇔ 1 + 3

③ 2 + □ ⇔ 3 + 2

④ 4 + □ ⇔ 1 + 4

□の 中に 入る 数を 書きましょう。

①  □ ＋ 2 ⇔ 2 ＋ 1

② □ ＋ 1 ⇔ 1 ＋ 3

③ □ ＋ 3 ⇔ 3 ＋ 2

④ □ ＋ 1 ⇔ 1 ＋ 4

9

加数「1」・被加数「1」

学習のポイントとすすめ方

たし算のしくみを「数の階段」で視覚的に理解する

たし算のしくみを2色のタイルを使って視覚的に理解させます。

「数の階段」の使い方

① 白と黄色のタイルと1〜10までの数字を下のように階段状に並べた図を用意します（付属のCD-ROM 9［数の階段（1）］および9-card 参照）。

② 子どもに気づいたことなどを尋ねます。

③ 1から10までの数字が1つ進むたびに白いタイルが1つずつ増えることを理解させます。

④ 大人は式カードを提示し、式に従って実際にタイルを1つ増やすのを見せることで、「1足すと1増える」という「加数1」のたし算のしくみを理解させます（付属のCD-ROM 9［数の階段（2）］および9-card 参照）。

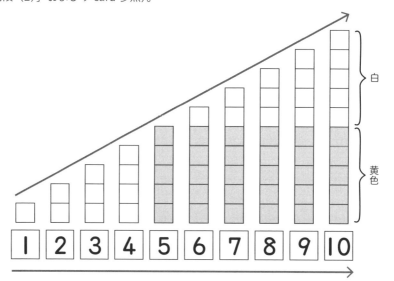

【式カード】

下記のように、たし算の式を書いたカード

1+1	2+1	3+1	4+1	5+1
6+1	7+1	8+1	9+1	

※加数／被加数・・・たし算 A+B で、加える数 B を加数といい、加えられる数 A を被加数という。

□の 中に 入る 数を 書きましょう。

①

$$4 + 1 = \boxed{}$$

②

$$3 + 1 = \boxed{}$$

③

$$2 + 1 = \boxed{}$$

④

$$5 + 1 = \boxed{}$$

つぎの　しきを　計算して，答えを　書きましょう。

① 2+1=

② 3+1=

③ 7+1=

④ 4+1=

⑤ 6+1=

⑥ 5+1=

⑦ 8+1=

⑧ 1+1=

⑨ 9+1=

つぎの　しきを　計算して，答えを　書きましょう。

① 1＋5＝

② 1＋3＝

③ 1＋8＝

④ 1＋6＝

⑤ 1＋2＝

⑥ 1＋4＝

⑦ 1＋9＝

⑧ 1＋1＝

⑨ 1＋7＝

10 減数「1」・差「1」

学習のポイントとすすめ方

ひき算のしくみを「数の階段」で視覚的に理解する

ひき算のしくみを、2色のタイルを使って視覚的に理解させます。

「数の階段」の使い方

① 白と黄色のタイルと 10～1 までの数字を下のように階段状に並べた図を用意します（付属の CD-ROM 10［数の階段（3）］および 9-card 参照）。

② 子どもに気づいたことなどを尋ねます。

③ 10 から 1 までの数字が 1 つ進むたびに白いタイルが 1 つずつ減ることを理解させます。

④ 大人は式カードを提示し、式に従って実際にタイルを 1 つ取り除くのを見せることで、「1 引くと 1 減る」という「減数 1」のひき算のしくみを理解させます（付属の CD-ROM 10［数の階段（4）］および 9-card 参照）。

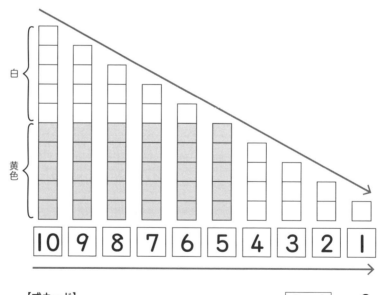

【式カード】

2-1　3-1　4-1　5-1　6-1

7-1　8-1　9-1　10-1

3-1 = 2

※ひかれる数（A-B の A）が 5 の場合、黄色の 5 にまとめたタイルではなく、白いタイルを使用しましょう。

※減数 / 差・・・減数とはひく数のこと。差とはひき算の答えのこと。

□の 中に 入る 数を 書きましょう。

①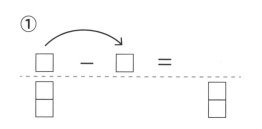

$$3 - 1 = \boxed{}$$

② □ － □ ＝

$$5 - 1 = \boxed{}$$

③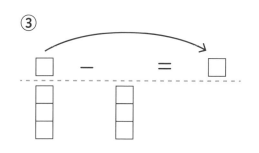

$$4 - 3 = \boxed{}$$

④ □ － ＝ □

$$3 - 2 = \boxed{}$$

つぎの　しきを　計算して，答えを　書きましょう。

① 3-1=

② 6-1=

③ 5-1=

④ 2-1=

⑤ 10-1=

⑥ 8-1=

⑦ 4-1=

⑧ 7-1=

⑨ 9-1=

つぎの　しきを　計算して，答えを　書きましょう。

① $4-3=$

② $7-6=$

③ $5-4=$

④ $9-8=$

⑤ $2-1=$

⑥ $6-5=$

⑦ $3-2=$

⑧ $8-7=$

⑨ $10-9=$

11 5を基数とした たし算

学習のポイントとすすめ方

「5といくつ」と考えて、5以上の数のたし算を理解する

2色のタイルを用いて、「5といくつ」と、5を基数として6以上10以下の数を理解させます。

「タイルカード」の作り方

◎下図のような長方形の台紙に、5を基数とした10までの2色のタイルと、式カードを作成します（付属のCD-ROM 11-card 参照）。

◎下のように、白と黄色のタイルを階段状に並べた図を用意して、台紙（厚紙など）に貼り、5〜10までのタイルをそれぞれ短冊状に切り離して「タイルカード」を作ります。

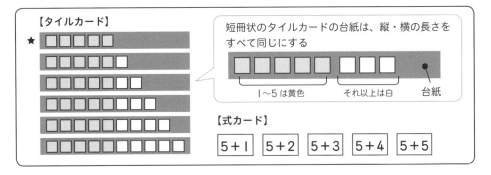

「5といくつ」の考え方

① 大人は5のタイルカード（★）を見せ、子どもにタイルの数を答えてもらいます。

② 上図のように黒板や机の上に2色のタイルカードをすべて並べて、5までは黄色タイルが、それ以上は白いタイルが1つずつ増えていることに気づかせます。

③ 「黄5＋白1＝6」「黄5＋白2＝7」……「黄5＋白5＝10」という規則を理解させます。

④ フラッシュカードのように素早くタイルカードを入れ替えながら提示し、子どもが白タイルの数の変化だけを見て数を答えられるようにします。

⑤ タイルカードの左右を反対にして「1と5で6」……ということも練習し、確認します。

⑥ 式カードを提示し、式に書かれた数と同じタイルカードを並べていくことで、たし算のしくみを理解させます。

□の 中に 入る 数を 書きましょう。

① □□□□□□   6は 5と □

② □□□□□□□   7は 5と □

③ □□□□□□□□   8は 5と □

④ □□□□□□□□□   9は 5と □

⑤ □□□□□□□□□□   10は 5と □

⑥ □□□□□□   □ は 5と 1

⑦ □□□□□□□   □ は 5と 2

⑧ □□□□□□□□   □ は 5と 3

⑨ □□□□□□□□□   □ は 5と 4

⑩ □□□□□□□□□□   □ は 5と 5

つぎの しきを 計算して，答えを 書きましょう。

① 5 ＋ 1 ＝

② 5 ＋ 3 ＝

③ 5 ＋ 2 ＝

④ 5 ＋ 5 ＝

⑤ 5 ＋ 4 ＝

つぎの　しきを　計算して，答えを　書きましょう。

① 1 ＋ 5 ＝

② 2 ＋ 5 ＝

③ 5 ＋ 5 ＝

④ 3 ＋ 5 ＝

⑤ 4 ＋ 5 ＝

5を基数とした **ひき算**

学習のポイントとすすめ方

「5 といくつ」を指で表し、5 以上の数のひき算を理解する

　左手の指を「5」の基数として、実際に指を使って数の変化を体感し、5 以上の数のひき算のしくみを理解します。

① 大人は左手で「5」（じゃんけんのパーのポーズ）、右手で「1」を示し、合わせて「6」の数を子どもに提示します。

② 子どもが「6」と言ったら、続いて「引く 5」と言いながら、左手の「5」を閉じます（じゃんけんのグーのポーズ）。

③ 「答えは？」と子どもに尋ね、「6 − 5 ＝ 1」になることを残った指の数で提示し、ひき算のしくみを子どもに理解させます。

12-1

つぎの　しきを　計算して，答えを　書きましょう。

① $6 - 5 =$

② $7 - 5 =$

③ $8 - 5 =$

④ $9 - 5 =$

⑤ $10 - 5 =$

つぎの　しきを　計算して，答えを　書きましょう。

① 6 − 1 =

② 7 − 2 =

③ 8 − 3 =

④ 9 − 4 =

⑤ 10 − 5 =

つぎの しきを 計算して，答えを 書きましょう。

① 8 − 5 =

② 6 − 5 =

③ 7 − 5 =

④ 10 − 5 =

⑤ 9 − 5 =

⑥ 6 − 1 =

⑦ 8 − 3 =

⑧ 9 − 4 =

⑨ 7 − 2 =

13 10 の合成と分解

学習のポイントとすすめ方

「10 わのにわとりさん」で 10 の補数を理解する

10 の補数（補数：P20 参照）を理解させることは、くり上がりのあるたし算やくり下がりのあるひき算をするためにとても重要です。そのために 10 の補数を暗記して覚えます。

「5 じゃん」（P20 参照）と同じ方法で両手を使った「10 じゃん」を行うと、体を使って楽しく記憶することができます。また、聞いて意味を理解することが得意な子どもに対しては、語呂合わせで覚える「10 わのにわとりさん」がおすすめです。

「10 わのにわとりさん」

足して 10 になる数の組み合わせを語呂合わせで覚えます。

1・9 いくよー！
2・8 にわとりさん！
3・7 みんな！
4・6 よろしく！
5・5 ゴーゴー！！

〇の 中に 入る 数を 書きましょう。

つぎの しきを 計算して，答えを 書きましょう。

① 1 + 9 =

② 2 + 8 =

③ 3 + 7 =

④ 4 + 6 =

⑤ 5 + 5 =

⑥ 6 + 4 =

⑦ 7 + 3 =

⑧ 8 + 2 =

⑨ 9 + 1 =

13-3

つぎの　しきを　計算して，答えを　書きましょう。

① 10－1＝

② 10－2＝

③ 10－3＝

④ 10－4＝

⑤ 10－5＝

⑥ 10－6＝

⑦ 10－7＝

⑧ 10－8＝

⑨ 10－9＝

14 同じ数どうしの合成と分解

学習のポイントとすすめ方

「ゾロ目計算」で同じ数どうしの組み合わせの計算を理解する

例えば、 | ● | と | ●● | のように数が異なる2つの数字を合わせるより

| ●● | と | ●● | のように同じ数を合わせる方が早く計算できるものです。

下記のような同じ数どうしの合成・分解をカードで示して、覚えさせるとよいでしょう（付属の CD-ROM 14-card 参照）。

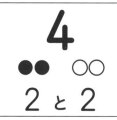

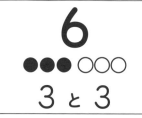

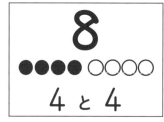

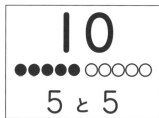

「はてなボックス」（数の分解）の使い方

※「数の合成」での使い方については、P28 参照

□の 中に 入る 数を 書きましょう。

① 2 ⇨ 1 と ☐

② 4 ⇨ 2 と ☐

③ 6 ⇨ 3 と ☐

④ 8 ⇨ 4 と ☐

⑤ 10 ⇨ 5 と ☐

つぎの しきを 計算して，答えを 書きましょう。

① $1 + 1 =$

② $2 + 2 =$

③ $3 + 3 =$

④ $4 + 4 =$

⑤ $5 + 5 =$

つぎの　しきを　計算して，答えを　書きましょう。

① $2 - 1 =$

② $4 - 2 =$

③ $6 - 3 =$

④ $8 - 4 =$

⑤ $10 - 5 =$

たし算のまとめ

学習のポイントとすすめ方

たし算の計算に自信をもたせる

　たし算に関してこれまで学んできたことを復習するとともに、あと 5 つの組み合わせだけ学習すればよいと気づくことで自信をもたせます。

「たし算一覧表」を提示する

◎足して 10 以下のたし算は全部で何問ぐらいあるか、子どもに予想させます。

◎下記の「たし算一覧表」を提示し、全部で 45 問あることを理解させます（付属の CD-ROM 15 参照）。

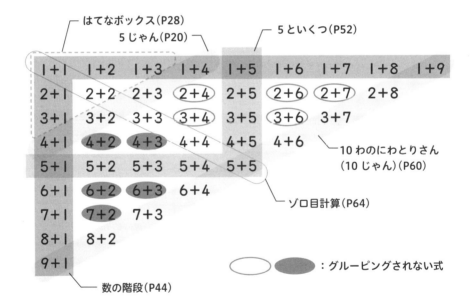

◎一覧表の中から「5 じゃん」「はてなボックス」「数の階段」「5 といくつ」「10 わのにわとりさん（10 じゃん）」「ゾロ目計算」など、これまで学習した計算式を見つけ、グルーピングさせます。

◎グルーピングされなかった式は「2+4 (4+2)」「2+6 (6+2)」「2+7 (7+2)」「3+4 (4+3)」「3+6 (6+3)」の 5 つだけであることを確認します。

◎グルーピングされなかった式をどのように考えたらよいかを子どもに考えさせます（右ページの「数字カードゲーム」を行うと楽しみながら覚えることができます）。

数字カードを使ったゲームで、補数の合成の理解を定着させる

「数字カードゲーム」のやり方

◎用意するもの（付属の CD-ROM 15-card 参照）

① 【数字カード A】を黒板上部（または机の上）に、【数字カード B】を子どもの手の届くところに並べます。

② 数字カード B をすべて使って、数字カード A すべての数をつくるゲームで、同じ数字を 2 枚使ってはいけないというルールを子どもに理解させてから、「2 枚の丸い数字カードの数を足して、6 にしてみよう！」と指示します。

③ 子どもが「2」と「4」の組み合わせに気づいたら、「6」の下に並べさせます。

④ 7、8、9 も同じように行います。

⑤ 9 にするには 2 通りの組み合わせがあることに気づかせます。

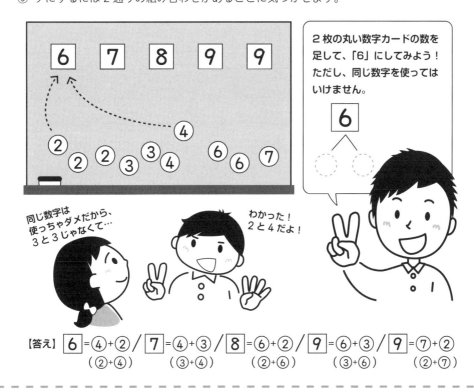

【答え】 6＝④＋② / 7＝④＋③ / 8＝⑥＋② / 9＝⑥＋③ / 9＝⑦＋②
（②＋④）　　（③＋④）　　（②＋⑥）　　（③＋⑥）　　（②＋⑦）

つぎの　しきを　計算して，答えを　書きましょう。

① 2 ＋ 4 ＝

② 3 ＋ 4 ＝

③ 2 ＋ 6 ＝

④ 2 ＋ 7 ＝

⑤ 3 ＋ 6 ＝

つぎの しきを 計算して，答えを 書きましょう。

① $4 + 2 =$

② $4 + 3 =$

③ $6 + 2 =$

④ $7 + 2 =$

⑤ $6 + 3 =$

16 ひき算のまとめ

学習のポイントとすすめ方

ひき算の計算に自信をもたせる

　ひき算に関してこれまで学んできたことを復習するとともに、あと 5 つの組み合わせだけ学習すればよいと気づくことで自信をもたせます。

「ひき算一覧表」を提示する

◎ひかれる数(A-BのA)が 10 以下のひき算 45 問を一覧にした「ひき算一覧表」を提示します(付属の CD-ROM 16 参照)。

数の階段(P48)　　　　　　　　5 といくつ(P56)　　10 わのにわとりさん(10 じゃん)(P60)

```
10-1  10-2  10-3  10-4  10-5  10-6  10-7  10-8  10-9
 9-1   9-2   9-3   9-4   9-5   9-6   9-7   9-8
 8-1   8-2   8-3   8-4   8-5   8-6   8-7
 7-1   7-2   7-3   7-4   7-5   7-6
 6-1   6-2   6-3   6-4   6-5
 5-1   5-2   5-3   5-4
 4-1   4-2   4-3
 3-1   3-2
 2-1
```

◯ : グルーピングされない式

5 じゃん(P22)

ゾロ目計算(P64)
おはじきかくし(P32)

◎一覧表の中から「5 じゃん」「おはじきかくし」「数の階段」「5 といくつ」「10 わのにわとりさん(10 じゃん)」「ゾロ目計算」など、これまで学習した計算式を見つけ、グルーピングさせます。

◎グルーピングされなかった式は、9 の「7・2」「6・3」の補数、8 の「6・2」の補数、7 の「4・3」の補数、6 の「4・2」の補数の式となることを確認します。

　そして、P69 の「数字カードゲーム」を思い出して、減数と差が補数の関係にあることを下の図のようにして理解させる。

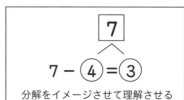

$$7 - ④ = ③$$

分解をイメージさせて理解させる

○の 中に 入る 数を 書きましょう。

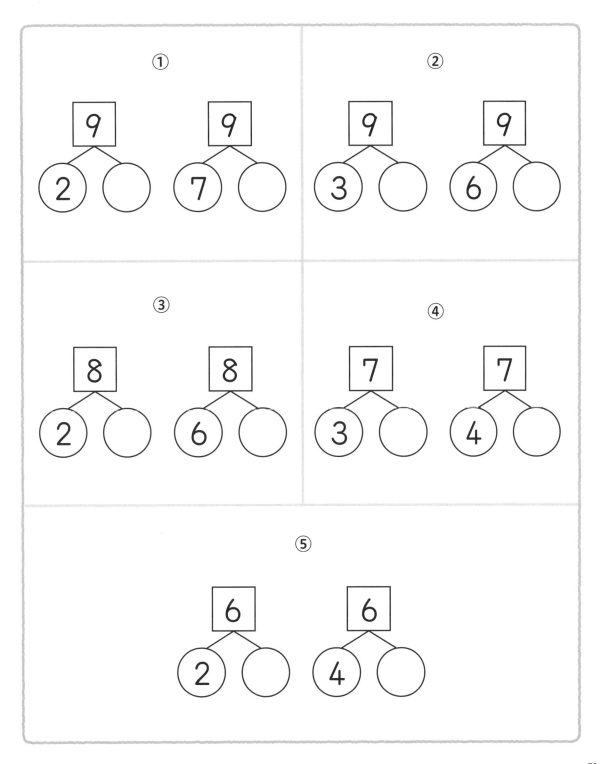

① 9 → 2 ◯   9 → 7 ◯

② 9 → 3 ◯   9 → 6 ◯

③ 8 → 2 ◯   8 → 6 ◯

④ 7 → 3 ◯   7 → 4 ◯

⑤ 6 → 2 ◯   6 → 4 ◯

つぎの　しきを　計算^{けいさん}して，答^{こた}えを　書^かきましょう。

① $9 - 2 =$

② $9 - 3 =$

③ $8 - 2 =$

④ $7 - 3 =$

⑤ $6 - 2 =$

つぎの　しきを　計算して，答えを　書きましょう。

① 9 − 7 =

② 9 − 6 =

③ 8 − 6 =

④ 7 − 4 =

⑤ 6 − 4 =

学習のポイントとすすめ方

5・2進法（ごにしんほう）の考え方を理解する

　5・2進法（2つの5で10をつくる方法）を用いたくり上がりのあるたし算の考え方を理解させます。一般的にくり上がりのあるたし算の指導には10進法による指導（P82）が行われます。しかし、子どもの数の理解の発達段階を考えると、2つの5をつくってから、合わせて10をつくって考えるほうがやさしい方法です。

たし算かいじゅう "ゴゴドン" のおかたづけ

◎たし算かいじゅう "ゴゴドン" を使って5・2進法のイメージをもたせます。

（れい）を　見て，□の　中に　入る　数を　書きましょう。

（れい）

$$6 + 6 = 12$$

5　と　1　　　5　と　1

10　+　2　＝　12

①

$$6 + 6 = \boxed{}$$

5と1　　5と1

$$10 + \boxed{} = \boxed{}$$

②

$$7 + 7 = \boxed{}$$

5と2　　5と2

$$10 + \boxed{} = \boxed{}$$

③

$$7 + 8 = \boxed{}$$

5と2　　5と3

$$10 + \boxed{} = \boxed{}$$

④

$$8 + 6 = \boxed{}$$

5と3　　5と1

$$10 + \boxed{} = \boxed{}$$

17-2

□の 中に 入る 数を 書きましょう。

① 8 + 6 = □

5と □　　5と □

② 6 + 6 = □

5と □　　5と □

③ 7 + 6 = □

5と □　　5と □

④ 7 + 7 = □

5と □　　5と □

⑤ 8 + 8 = □

5と □　　5と □

（れい）を 見て，□の 中に 入る 数を 書きましょう。

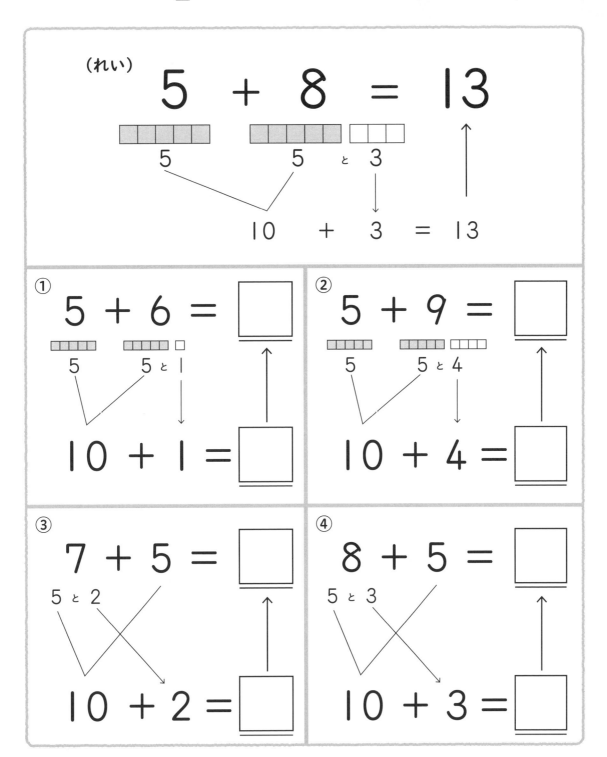

（れい）

$$5 + 8 = 13$$

5　　　　5 と 3

$$10 + 3 = 13$$

① $5 + 6 = \boxed{}$

5　　5 と 1

$$10 + 1 = \boxed{}$$

② $5 + 9 = \boxed{}$

5　　5 と 4

$$10 + 4 = \boxed{}$$

③ $7 + 5 = \boxed{}$

5 と 2

$$10 + 2 = \boxed{}$$

④ $8 + 5 = \boxed{}$

5 と 3

$$10 + 3 = \boxed{}$$

つぎの　しきを　計算して，答えを　書きましょう。

① 7 + 5 =
5 と 2

② 6 + 5 =
5 と 1

③ 8 + 5 =

④ 5 + 7 =

⑤ 5 + 6 =

□の 中に 入る 数を 書きましょう。

① 7 + 6 = □

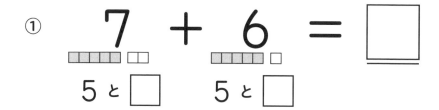

5と □ 5と □

② 8 + 5 = □

5と □

③ 7 + 7 = □

④ 9 + 7 = □

⑤ 6 + 8 = □

18 くり上がりのあるたし算【10進法】

▌学習のポイントとすすめ方

10進法の考え方を理解する

　10進法を用いたくり上がりのあるたし算の考え方を理解させます。

　前のページ（P76）の2つの5で10をつくる方法では、計算しにくくなる式もあります（7、8、9と足す式など）。そこで、10進法による方法も学習します。子どもは式によってどちらの方法がやりやすいか、自由に選んで行えるようになります。

たし算かいじゅう "ジューゴン" のおかたづけ

◎たし算かいじゅう "ジューゴン" を使って10進法のイメージをもたせます。

（れい）を　見て，□の　中に　入る　数を　書きましょう。

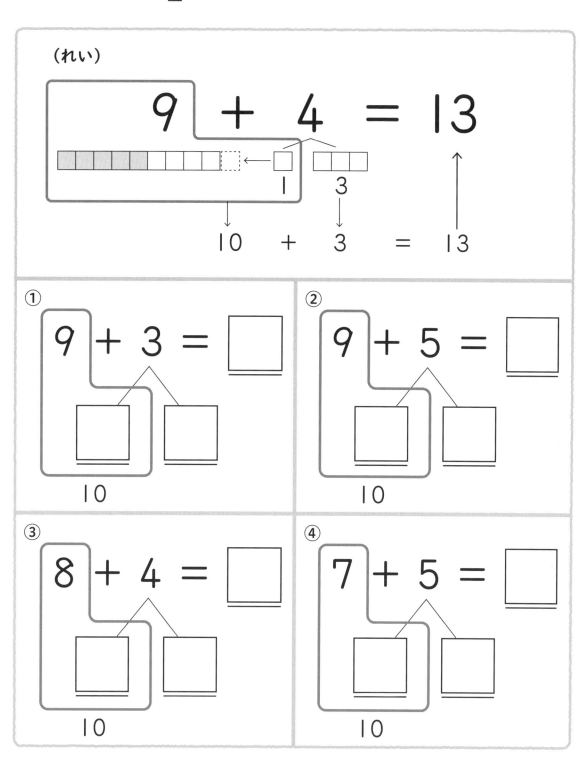

（れい）

$$9 + 4 = 13$$

$$10 + 3 = 13$$

① $9 + 3 = \square$

10

② $9 + 5 = \square$

10

③ $8 + 4 = \square$

10

④ $7 + 5 = \square$

10

つぎの しきを 計算して，答えを 書きましょう。

① 9 + 2 =

② 8 + 5 =

③ 8 + 3 =

④ 7 + 4 =

⑤ 7 + 6 =

18-3

（れい）を 見て，□の 中に 入る 数を 書きましょう。

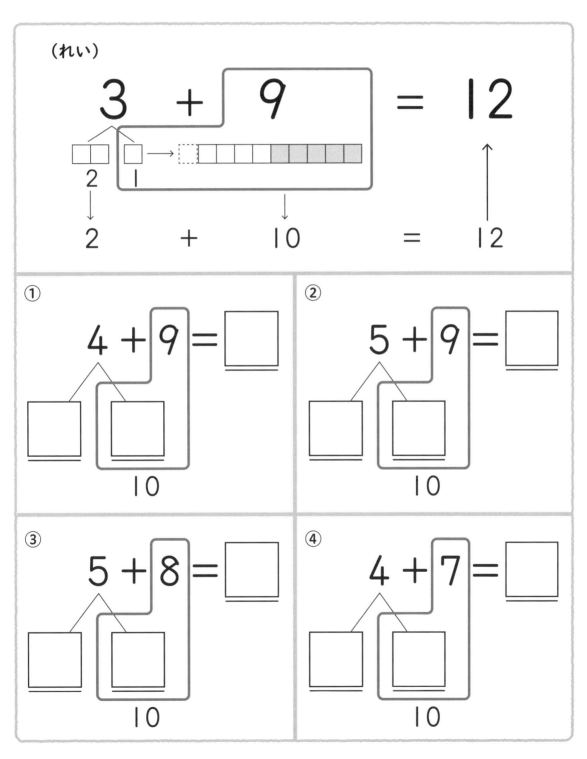

（れい）

$$3 + 9 = 12$$

2　　+　　10　　=　　12

① $4 + 9 = \boxed{}$

　10

② $5 + 9 = \boxed{}$

　10

③ $5 + 8 = \boxed{}$

　10

④ $4 + 7 = \boxed{}$

　10

85

つぎの　しきを　計算して，答えを　書きましょう。

① 6 + 9 =

② 5 + 8 =

③ 3 + 9 =

④ 4 + 7 =

⑤ 2 + 9 =

つぎの　しきを　計算して，答えを　書きましょう。

① $9 + 3 =$

② $3 + 8 =$

③ $8 + 4 =$

④ $4 + 9 =$

⑤ $9 + 5 =$

くり下がりのあるひき算
【減加法】

学習のポイントとすすめ方

減加法の考え方を理解する

くり下がりのあるひき算を、「かいじゅうが数を食べる」「かいじゅうが食べ残した数を考える」という場面から、直感的に数の操作の意味を理解させます。

ひき算かいじゅう "イッキー" のおしょくじ

◎ひき算かいじゅう "イッキー" を使って減加法によるひき算のイメージをもたせます。

ぼくは、くいしんぼうな ひき算かいじゅう イッキー！ **10** のかたまりから ガブっといっきに 食べちゃうよ！

10 のかたまりから **8**コを ガブっといっきに 食べちゃうよ！

のこり

$$13-8$$

$$13-8=5$$

これが イッキーひき算 （減加法） だよ！

のこりは いくつ？

たし算 するよ！ 2+3

$$13-8=5$$

ふくしゅうの　計算を　してから

（れい）を　見て，□の　中に　入る　数を　書きましょう。

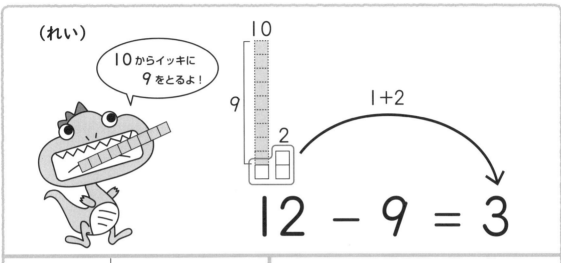

（れい）

10からイッキに
9をとるよ！

$$12 - 9 = 3$$

ふくしゅう

（1）　$1 + 1 = $ □

（2）　$1 + 2 = $ □

（3）　$1 + 3 = $ □

（4）　$1 + 4 = $ □

（5）　$1 + 5 = $ □

（6）　$1 + 6 = $ □

（7）　$1 + 7 = $ □

（8）　$1 + 8 = $ □

①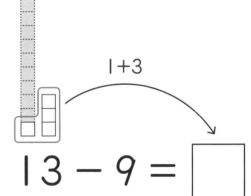

$$13 - 9 = $$ □

②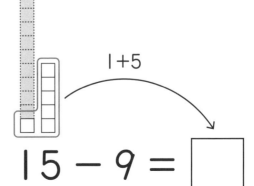

$$15 - 9 = $$ □

□の 中に 入る 数を 書きましょう。

ふくしゅう

(1) 2 + 1 = ☐

(2) 2 + 2 = ☐

(3) 2 + 3 = ☐

(4) 2 + 4 = ☐

(5) 2 + 5 = ☐

(6) 2 + 6 = ☐

(7) 2 + 7 = ☐

①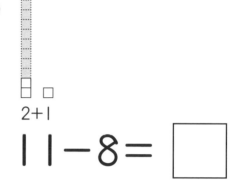

2+1

11 − 8 = ☐

②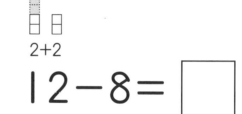

2+2

12 − 8 = ☐

③ 13 − 8 = ☐
2+

④ 15 − 8 = ☐
2+

⑤ 17 − 8 = ☐
2+

19 -3

□の 中に 入る 数を 書きましょう。

| ふくしゅう |

(1) $3 + 1 = \boxed{}$

(2) $3 + 2 = \boxed{}$

(3) $3 + 3 = \boxed{}$

(4) $3 + 4 = \boxed{}$

(5) $3 + 5 = \boxed{}$

(6) $3 + 6 = \boxed{}$

① $11 - 7 = \boxed{}$
3+

② $13 - 7 = \boxed{}$
3+

③ $14 - 7 = \boxed{}$
3+

④ $15 - 7 = \boxed{}$
3+

⑤ $16 - 7 = \boxed{}$
3+

□の 中に 入る 数を 書きましょう。

ふくしゅう

(1) 4 + 1 = □

(2) 4 + 2 = □

(3) 4 + 3 = □

(4) 4 + 4 = □

(5) 4 + 5 = □

① 11 − 6 = □
4+

② 12 − 6 = □
4+

③ 13 − 6 = □
4+

④ 14 − 6 = □
4+

⑤ 15 − 6 = □
4+

19 -5

□の 中に 入る 数を 書きましょう。

ふくしゅう	
（1） $5 + 1 = \boxed{}$	① $11 - 5 = \boxed{}$ 5+
（2） $5 + 2 = \boxed{}$	
（3） $5 + 3 = \boxed{}$	② $12 - 5 = \boxed{}$ 5+
（4） $5 + 4 = \boxed{}$	
	③ $13 - 5 = \boxed{}$ 5+
	④ $14 - 5 = \boxed{}$ 5+

つぎの　しきを　計算して，答えを　書きましょう。

① 11 − 4 =

② 13 − 4 =

③ 11 − 3 =

④ 12 − 5 =

⑤ 11 − 2 =

つぎの　しきを　計算して，答えを　書きましょう。

① 15 − 7 =

② 12 − 4 =

③ 13 − 6 =

④ 14 − 8 =

⑤ 16 − 9 =

くり下がりのあるひき算
【減減法】

学習のポイントとすすめ方

減減法の考え方を理解する

ひきざんかいじゅう "モットン" のおしょくじ

◎ひきざんかいじゅう "モットン" を使って減減法によるひき算のイメージをもたせます。

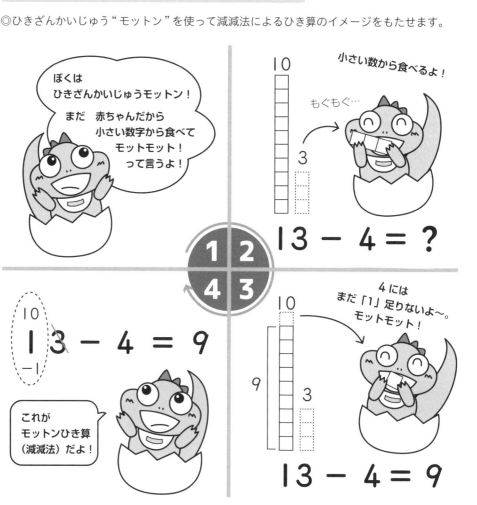

（れい）を　見て，□の　中に　入る　数を　書きましょう。

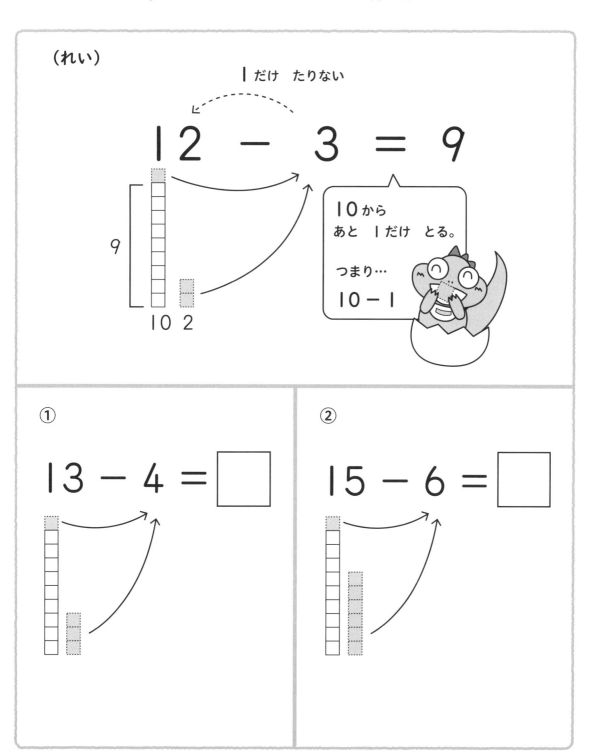

（れい）

1だけ　たりない

$$12 - 3 = 9$$

9

10　2

10から
あと　1だけ　とる。

つまり…

10−1

①

$$13 - 4 = \boxed{}$$

②

$$15 - 6 = \boxed{}$$

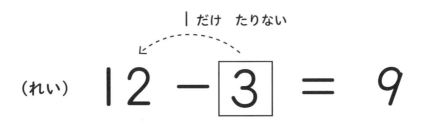

20-2

□の 中に 入る 数を 書きましょう。

（れい） 　| だけ たりない

12 − 3 = 9

① 14 − □ = 9

② 15 − □ = 9

③ 13 − □ = 9

④ 17 − □ = 9

つぎの　しきを　計算して，答えを　書きましょう。

① 11 － 2 ＝

② 15 － 6 ＝

③ 13 － 4 ＝

④ 18 － 9 ＝

⑤ 16 － 7 ＝

⑥ 14 － 5 ＝

⑦ 12 － 3 ＝

⑧ 17 － 8 ＝

21 2けたの数

2けたと1けたの数の計算
2けたと2けたの数の計算

さまざまな物を使って2けたの数を理解する

　10を基本として2けたの数を理解させます。下記のようにさまざまな物を使用して、視覚的に「10のかたまりの数とバラの数を合成して2けたの数ができている」ことを示します。

タイルを使った2けたの数

バラのタイルを10枚つなげると、10のかたまりができることを視覚を使って理解させます（付属のCD-ROM 21-card 参照）。

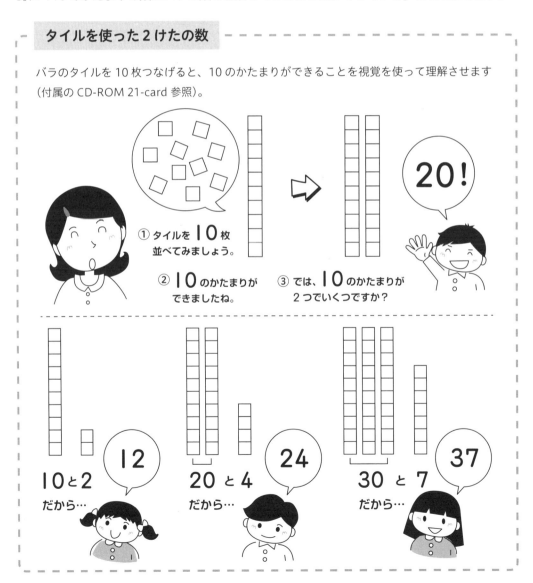

お金を使った2けたの数

日常生活で使用するお金を使って、1円が10枚で10円になることを理解させます。

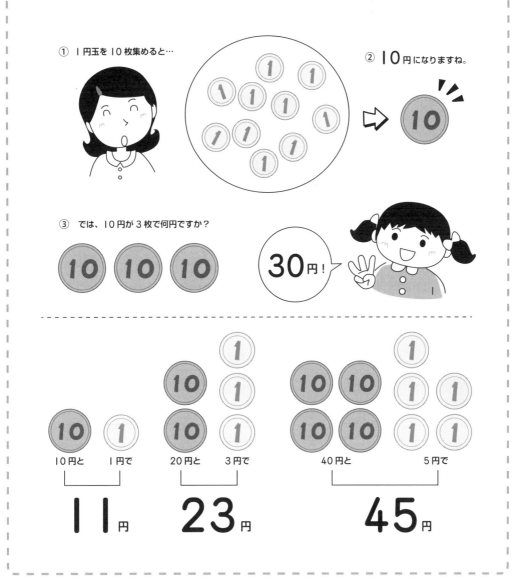

① 1円玉を10枚集めると…

② 10円になりますね。

③ では、10円が3枚で何円ですか？

30円！

10円と 1円で
11円

20円と 3円で
23円

40円と 5円で
45円

10本を集めて1つの束にすることで、10のかたまりができることを理解させます。

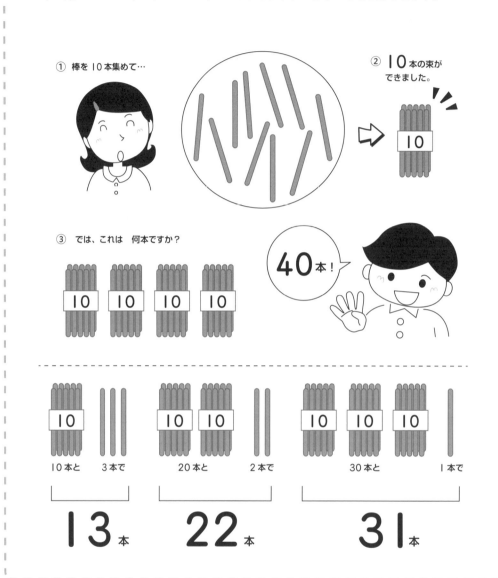

① 棒を10本集めて…

② 10本の束が
できました。

③ では、これは　何本ですか？

40本！

10 10 10 10

10本と　3本で
20本と　2本で
30本と　1本で

13本　　22本　　31本

2けたの数が理解できたら、たし算、ひき算の練習をする

　2けたと2けた、2けたと1けたの計算を練習させます。その際、P104〜113のように
10の位の数字を大きくしたり色を変えたりすると、1の位と10の位の違いがわかりやすく
なります。

21-1

□の 中に 入る 数を 書きましょう。

①

□

②

□

③

10
10
10
1
1
1

□ 円

④

10
10
10
10
10
10
1
1
1
1
1

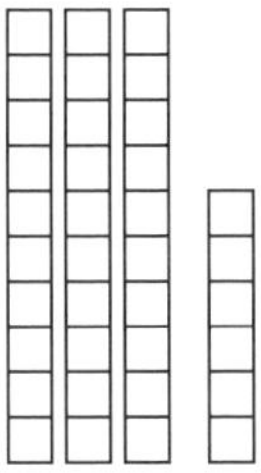

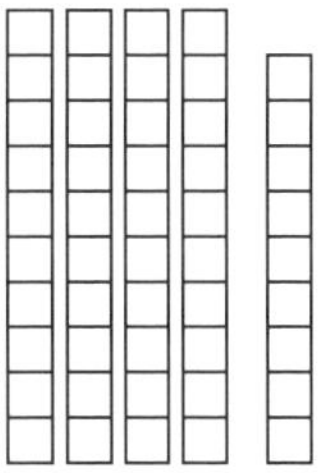

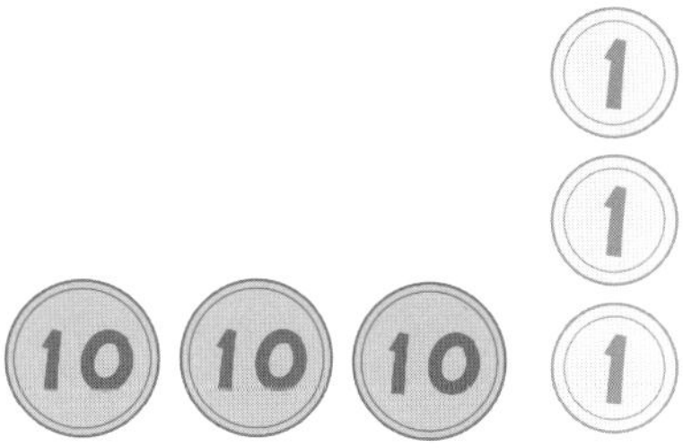

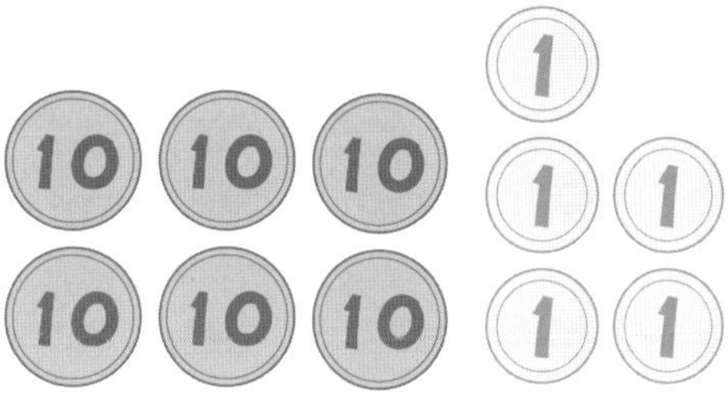

□ 円

⑤

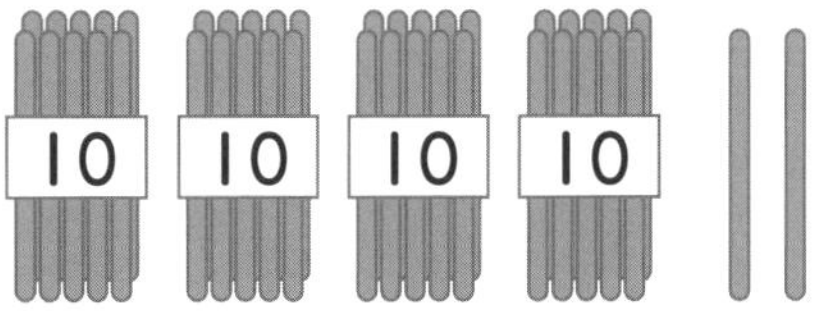

10
10
10
10

□ 本

⑥

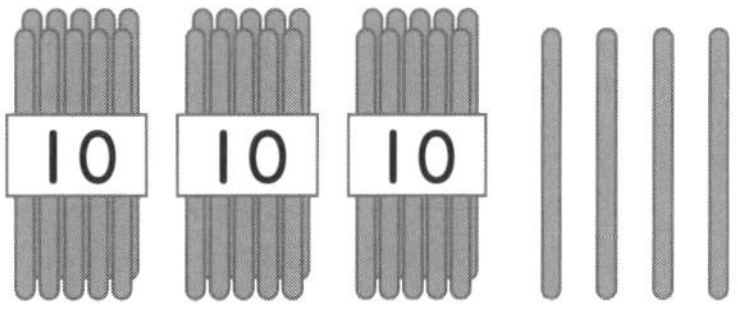

10
10
10

□ 本

（れい）を　見て，下の　しきを　計算して，答えを　書きましょう。

（れい）

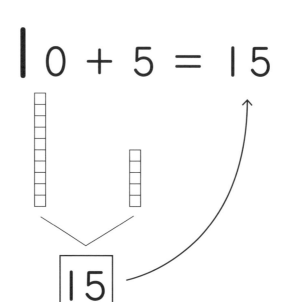

$$10 + 5 = 15$$

①

$$20 + 4 =$$

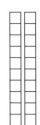

②

$$40 + 7 =$$

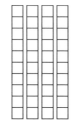

つぎの　しきを　計算して，答えを　書きましょう。

① $10 + 2 =$

② $20 + 6 =$

③ $30 + 9 =$

④ $40 + 1 =$

⑤ $50 + 3 =$

（れい）を 見て，下の しきを 計算して，答えを 書きましょう。

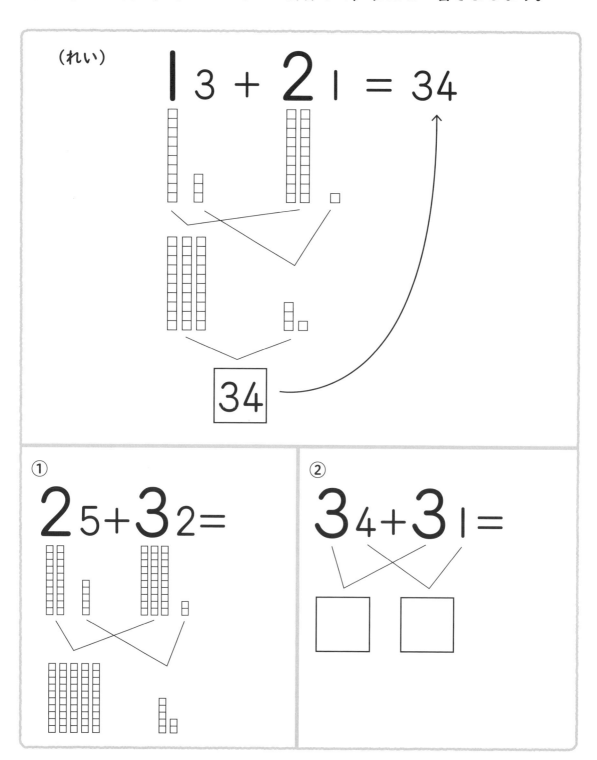

（れい）

$13 + 21 = 34$

34

① $25 + 32 =$

② $34 + 31 =$

つぎの　しきを　計算して，答えを　書きましょう。

① $23 + 51 =$

② $42 + 53 =$

③ $66 + 33 =$

④ $31 + 24 =$

⑤ $54 + 35 =$

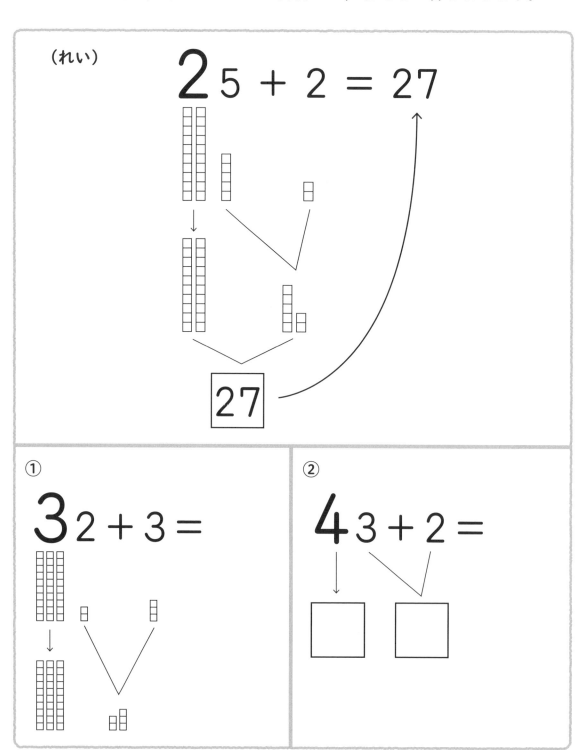

（れい）を　見て，下の　しきを　計算して，答えを　書きましょう。

（れい）

$$25 + 2 = 27$$

27

①

$$32 + 3 =$$

②

$$43 + 2 =$$

つぎの　しきを　計算して，答えを　書きましょう。

① $5_2 + 4 =$

② $3_7 + 2 =$

③ $6_4 + 5 =$

④ $9_3 + 3 =$

⑤ $8_5 + 1 =$

（れい）を　見て，□の中に　入る　数を　書いてから
計算して　答えを　書きましょう。

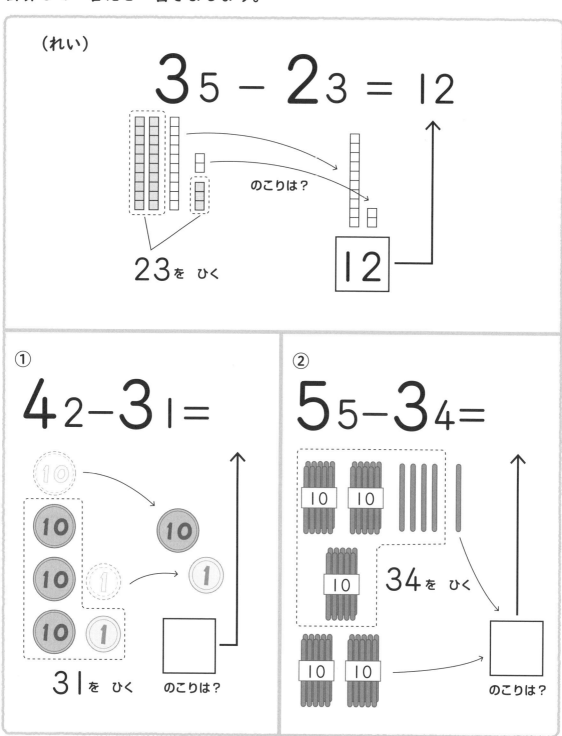

（れい）

$3_5 - 2_3 = 12$

のこりは？

23を　ひく

12

① $4_2 - 3_1 =$

31を　ひく　　のこりは？

② $5_5 - 3_4 =$

34を　ひく

のこりは？

つぎの　しきを　計算して，答えを　書きましょう。

① $5_6 - 2_3 =$

② $3_8 - 1_5 =$

③ $7_7 - 4_2 =$

④ $6_5 - 3_1 =$

⑤ $9_4 - 6_2 =$

（れい）を　見て，□の中に　入る　数を　書いてから
計算して　答えを　書きましょう。

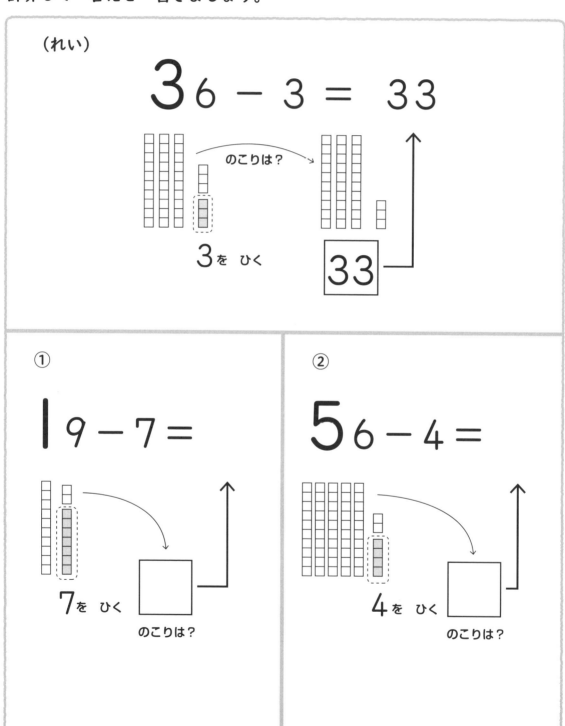

（れい）

$3_6 - 3 = 33$

のこりは？

3を　ひく

33

① $1_9 - 7 =$

7を　ひく

のこりは？

② $5_6 - 4 =$

4を　ひく

のこりは？

つぎの　しきを　計算<ruby>計算<rt>けいさん</rt></ruby>して，<ruby>答<rt>こた</rt></ruby>えを　<ruby>書<rt>か</rt></ruby>きましょう。

① $43 - 2 =$

② $25 - 3 =$

③ $79 - 8 =$

④ $97 - 5 =$

⑤ $86 - 2 =$

答えのページ ●●●●●●●●●●●●●●●●●●●●●

5 の合成
20-21ページ

4−1	① 5	② 5	③ 5

5 の分解
22-27ページ

5−1	① 3	② 2	③ 1	④ 4
5−2	① 3	② 2	③ 1	④ 4
5−3	① 3	② 2	③ 1	④ 4
5−4	① 4	② 3	③ 2	④ 1
5−5	① 1	② 3	③ 2	④ 4

4 以下の数の合成
28-31ページ

6−1	① 1	② 2	③ 1		
6−2	① 1	② 2	③ 3		
6−3	① 2	② 4	③ 4	④ 4	⑤ 3
	⑥ 3				

4 以下の数の分解
32-35ページ

7−1	① 2	② 1	③ 3		
7−2	① 1	② 2	③ 1		
7−3	① 2	② 2	③ 1	④ 3	⑤ 1
	⑥ 1				

加法交換法則
36-43ページ

8−1　8−2　8−3

8−4	① 1	② 3	③ 2	④ 4
8−5	① 2	② 1	③ 3	④ 1
8−6	① 2	② 1	③ 3	④ 1
8−7	① 1	② 3	③ 2	④ 4

加数「1」・被加数「1」
44-47ページ

9−1	① 5	② 4	③ 3	④ 6	
9−2	① 3	② 4	③ 8	④ 5	⑤ 7
	⑥ 6	⑦ 9	⑧ 2	⑨ 10	
9−3	① 6	② 4	③ 9	④ 7	⑤ 3
	⑥ 5	⑦ 10	⑧ 2	⑨ 8	

減数「1」・差「1」
48-51ページ

10−1	① 2	② 4	③ 1	④ 1	
10−2	① 2	② 5	③ 4	④ 1	⑤ 9
	⑥ 7	⑦ 3	⑧ 6	⑨ 8	
10−3	① 1	② 1	③ 1	④ 1	⑤ 1
	⑥ 1	⑦ 1	⑧ 1	⑨ 1	

5 を基数としたたし算
52-55ページ

11−1	① 1	② 2	③ 3	④ 4	⑤ 5
	⑥ 6	⑦ 7	⑧ 8	⑨ 9	⑩ 10
11−2	① 6	② 8	③ 7	④ 10	⑤ 9
11−3	① 6	② 7	③ 10	④ 8	⑤ 9

5 を基数としたひき算
56-59ページ

12−1	① 1	② 2	③ 3	④ 4	⑤ 5
12−2	① 5	② 5	③ 5	④ 5	⑤ 5
12−3	① 3	② 1	③ 2	④ 5	④ 4
	⑥ 5	⑦ 5	⑧ 5	⑨ 5	

10 の合成と分解
60-63ページ

13−1	① 9,1	② 8,2	③ 7,3	④ 6,4	⑤ 5
13−2	① 10	② 10	③ 10	④ 10	⑤ 10
	⑥ 10	⑦ 10	⑧ 10	⑨ 10	
13−3	① 9	② 8	③ 7	④ 6	⑤ 5
	⑥ 4	⑦ 3	⑧ 2	⑨ 1	

同じ数どうしの合成と分解
64-67ページ

14−1	① 1	② 2	③ 3	④ 4	⑤ 5
14−2	① 2	② 4	③ 6	④ 8	⑤ 10
14−3	① 1	② 2	③ 3	④ 4	⑤ 5

たし算のまとめ
68-71ページ

15−1	① 6	② 7	③ 8	④ 9	⑤ 9
15−2	① 6	② 7	③ 8	④ 9	⑤ 9

ひき算のまとめ
72-75ページ

16−1	① 7,2	② 6,3	③ 6,2	④ 4,3	⑤ 4,2
16−2	① 7	② 6	③ 6	④ 4	⑤ 4
16−3	① 2	② 3	③ 2	④ 3	⑤ 2

くり上がりのあるたし算【5・2進法】　76-81ページ

17-1	① 12	② 14	③ 15	④ 14	
17-2	① 14	② 12	③ 13	④ 14	⑤ 16
17-3	① 11	② 14	③ 12	④ 13	
17-4	① 12	② 11	③ 13	④ 12	⑤ 11
17-5	① 13	② 13	③ 14	④ 16	⑤ 14

くり上がりのあるたし算【10進法】　82-87ページ

18-1	① 12	② 14	③ 12	④ 12	
18-2	① 11	② 13	③ 11	④ 11	⑤ 13
18-3	① 13	② 14	③ 13	④ 11	
18-4	① 15	② 13	③ 12	④ 11	⑤ 11
18-5	① 12	② 11	③ 12	④ 13	⑤ 14

くり下がりのあるひき算【減加法】　88-95ページ

19-1	ふくしゅう	(1) 2	(2) 3	(3) 4	(4) 5	(5) 6	(6) 7	(7) 8	(8) 9
	① 4	② 6							
19-2	ふくしゅう	(1) 3	(2) 4	(3) 5	(4) 6	(5) 7	(6) 8	(7) 9	
	① 3	② 4	③ 5	④ 7	⑤ 9				
19-3	ふくしゅう	(1) 4	(2) 5	(3) 6	(4) 7	(5) 8	(6) 9		
	① 4	② 6	③ 7	④ 8	⑤ 9				
19-4	ふくしゅう	(1) 5	(2) 6	(3) 7	(4) 8	(5) 9			
	① 5	② 6	③ 7	④ 8	⑤ 9				
19-5	ふくしゅう	(1) 6	(2) 7	(3) 8	(4) 9				
	① 6	② 7	③ 8	④ 9					
19-6	① 7	② 9	③ 8	④ 7	⑤ 9				
19-7	① 8	② 8	③ 7	④ 6	⑤ 7				

くり下がりのあるひき算【減減法】　96-99ページ

20-1	① 9	② 9						
20-2	① 5	② 6	③ 4	④ 8				
20-3	① 9	② 9	③ 9	④ 9	⑤ 9	⑥ 9	⑦ 9	⑧ 9

2けたの数　100-113ページ

21-1	① 36	② 49	③ 33	④ 65	⑤ 42	⑥ 34
21-2	① 24	② 47				
21-3	① 12	② 26	③ 39	④ 41	⑤ 53	
21-4	① 57	② 65				
21-5	① 74	② 95	③ 99	④ 55	⑤ 89	
21-6	① 35	② 45				
21-7	① 56	② 39	③ 69	④ 96	⑤ 86	
21-8	① 11	② 21				
21-9	① 33	② 23	③ 35	④ 34	⑤ 32	
21-10	① 12	② 52				
21-11	① 41	② 22	③ 71	④ 92	⑤ 84	

※ P8 〜 19 の問題の解答は、本書には掲載していません。

資料
指導案

本書で紹介している活動やプリントを
学校など集団でも活用できるように、
指導の流れがわかる資料を紹介します。
常時活動やユニット授業の参考にして
みんな「計算はかせ」を目指しましょう。

〈けいさんの は か せ になろう！〉
いかい！
んたん！
やく！

指導① 5の補数

指導時間：15分〜20分
準備物：掲示物「5じゃんサクランボ」

※T：教師／C：子ども

展開	活動	教示と予想される児童の発言 および指導上の留意点
導入	○自己紹介	T「みなさん、おはようございます。今日はみんなが『計算はかせ』になる学習をします。」
	①じゃんけん	T「では、まずは……じゃんけんをしましょう！」 T「じゃーんけん、ぽん！」 T「(手をあげながら)勝った人ー？、あいこだった人ー？　負けちゃった人ー？」 T「では、もう1回やりましょう。じゃーんけん、ぽん！　勝った人ー？（以下、略）」 T「2回とも負けちゃった人いるかなー？　くやしいねー！」
	②あと出しじゃんけん	T「じゃあ、今度は絶対勝ってね！　だから、『あと出し』していいです！」 T「私がじゃんけん、ぽん！と出したら、それをよく見てから、あとでぽん！と出してください。」 T「じゃんけん、ぽん！(右手)……ぽん！(左手)っていうタイミングで出してください。」 T「じゃんけん、ぽん！(右手)……ぽん！(左手)のタイミングですよ。」 T「では、やってみましょう。」 T「できたかなー？　もう一回いくよー！」 T「じゃんけん、ぽん！……ぽん！」 T「最後は2連続いくよー！　じゃんけん、ぽん！……ぽん！　じゃんけん、ぽん、ぽん！」 T「できたー？　全部勝てたかなー？」 T「みなさん上手ですね。花丸です！」
展開	①5じゃん [2・3] → [3・2] → [4・1] → [1・4] の順で指導する。 同上の順で反復練習させる	T「では、次は……お勉強じゃんけんをします。『5じゃん』と言います。」 ※板書「5じゃん」 T「私がじゃんけん、ぽん！(チョキ)を出したら、これはもう、チョキではありません。ピースでもありません。」 T「指は何本立ってますか？」 ※手をあげている児童を指名する。

T「そうですね、今、私の指は2本、です。」

T「では、あと、みんなが何本の指を出せば、指は全部で5本になりますか？」

　※手をあげている児童を指名する。

C「3本です。」

T「そうだね！　ちょっと3本、指を出してみて。」

　※近くの子どものそばに寄り、一緒に指を数える。

T「私の指の2本と、あなたの指の3本、合わせると……1、2、3、4、5！　全部で5になりますね。」

T「これが『5じゃん』です。」

T「私が、ぽん！と出した指の数を見て、あといくつで5になるかを考えて……ぽん！と出してください。」

T「では、練習してみましょう。」

T「じゃんけん、ぽん！（右手2）……ぽん！（左手3）」

T「上手です！　次いくよ！」

T「じゃん…けん…ぽん！（右手3）…ぽん！（右手2）」

T「上手に出せたかな？　私は、ぽん！（右手3）と出しましたね。これはいくつですか？」

　※耳に手を当てる、「せーの！」→　一斉に答えさせる。

C「さーん（3）！」

T「そうですね！　では、5になるためには、みんなはいくつ出すの？」

　※耳に手を当てる、「せーの！」→　一斉に答えさせる。

C「に（2）！」

T「そうですね！　指を出してみて！　上手です！」

T「では次行きますよ！　じゃんけん……ぽん！（右手4）……ぽん！（左手1）」

T「上手、上手ー！　私が4だから、みんなは1だね。」

T「じゃあ次いくよ！　じゃんけん……、ぽん！（右手1）……ぽん！（左手4）」

T「おー！　上手だねー！　私が1だから、みんなは4だね。合わせて5になるね。」

T「じゃあ、あと5回やるよ！　ゆっくりやるからしっかり考えてね。」

		※{2・3}→{3・2}→{4・1}→{1・4}→{3・2}の順で行う。
		T「みんな上手だねー！　もう『5じゃんはかせ』だね！」「5じゃんの答えは全部でこれだけです。少ないね！」
		※黒板に掲示物［5じゃんサクランボ］を貼る。
		T「ちなみに、5じゃん博士さんたち、気づいてた？　私が、ぽん！（右手2）と出すでしょ？　2だよね。じゃあ、曲がっているほうの指を見て……いくつ？」
		C「さん（3）！」
		T「気づいてた？　実は、5じゃんの答えは全部手の中にあるんだよ？　気がついていた人一？」
		C「はーい！」
	②5じゃんたし算 ［2＋3＝5］ ［3＋2＝5］ ［4＋1＝5］ ［1＋4＝5］ の順で指導する。 同上の順で反復練習させる	T「では、なぜ計算はかせになるために、5じゃんはかせの特訓をしたかというと……。」
		T「じゃんけん、ぽん！(左手2)って出すと、みんなはどう出す？」
		C「ぽん！　さん（3）！」
		T「これをたし算で考えると……。」
		※板書「2＋3＝」
		T「答えはいくつ？」
		C「ご（5）！」
		※板書「2＋3＝5」
		T「次！　じゃんけん、ぽん！（左手3）、ぽん！」
		※板書「3＋2＝」
		T「答えは？」
		C「ご（5）！」
		※板書「3＋2＝5」
		T「次！　じゃんけん、ぽん！（左手4）、ぽん！」
		T「答えは？」
		C「ご（5）！」
		※板書「4＋1＝5」
		T「最後！　じゃんけん、ぽん！（左手1）、ぽん！」
		※板書「1＋4＝」
		T「答えは？」

		C「ご（5）！」 　※板書「1＋4＝5」 T「できた！　これが、<u>5じゃんたし算です。</u>」 ※板書は上から 　　[1＋4＝5] 　　[2＋3＝5] 　　[3＋2＝5] 　　[4＋1＝5] 　と、並ぶように配慮して板書する（板書計画1参照）。 T「5じゃんはかせのみんなは、もう、5じゃんたし算の計算はかせです！」 T「5じゃんができれば、もう、数えたり、頭の中で考えたりしなくても、早く、簡単に、正解できますよ！」 T「5じゃんたし算は、実は全部でこれだけしかありません。この4つのたし算を見たら、『あ！　5じゃんだ！』と気がついてくださいね！」
	③5じゃんひき算 　[5－2＝3] 　[5－3＝2] 　[5－4＝1] 　[5－1＝4] 　の順で指導する。	T「さて、実は、<u>5じゃんは、ひき算もできます。</u>」 T「5じゃんするよー！」 　※板書「5－」 ※「5じゃんするよー！」というかけ声で「5－」と板書する。 　「ぽん！（左手2）」と出し「5－2＝」と板書する。 　子どもの出した手を確認して「5－2＝3」と式を板書する。 T「じゃんけん、ぽん！（左手2）……ぽん！　そうだね！先生が3を出しました。」 　※板書「5－2＝」 T「みんなは？　2を出しました。」 　※板書「5－2＝3」 T「ほらね？　5じゃんひき算、簡単でしょ？」 　※「5－3」を板書をしながら進める。 　※「5－1」「5－4」も板書をしながら、同様に進める。 T「はい。これが5じゃんひき算です。どうですか？　はかせになれそうですか？」

まとめ	○あいさつ	T「今日は5じゃんと5じゃんたし算、5じゃんひき算の学習をしました。これで今日の計算はかせの学習は終わります。」

板書計画1

※囲んである内容：掲示物／それ以外：板書

〈けいさんの は か せ になろう！〉
い か！／
ん た ん！
や く！

5じゃん

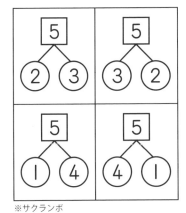

※サクランボ

5じゃんたしざん	5じゃんひきざん
1+4=5	5-1=4
2+3=5	5-2=3
3+2=5	5-3=2
4+1=5	5-4=1

指導② 4以下の数

指導時間：15分〜20分

準備物：掲示物「5じゃんサクランボ」「4じゃんサクランボ」「3じゃんサクランボ」「2じゃんサクランボ」、フラッシュカード（5じゃんたしざん・4じゃんたしざん・5じゃんひきざん・4じゃんひきざん）

展開	活動	教示と予想される児童の発言 および指導上の留意点
導入	○あいさつ	T「みなさん、おはようございます！　今日も計算はかせの学習、頑張りましょう！」
	○ウォーミングアップ ①5じゃん	T「まずは、5じゃんの復習、いくよー！　じゃん、けん、ぽん！……ぽん！」 ※順番は自由に5回ほど実施。 T「おー！　すっかり5じゃんはかせですね！」 T「5じゃんの答えはこれだけでしたねー！」 ※黒板に掲示物［5じゃんサクランボ］を貼る。
	②5じゃんたし算の 復習	T「では、5じゃんたし算はどうかな？　5じゃんたし算ってどんな式があったかな？」 ※自由に発言させる。 T「ふんふん、そうそう、うんうん（子どもに自由に発言させながら相づちを打つ。発言した子の目を見たり、「お！」と言って指さししてみたりする）。」 T「みんなすごいね！　しっかり覚えていたね！　5じゃんたし算はこんな式だったね！」 ※板書［5じゃんたしざん］の内容 T「（式を指さしながら）［1と4］で5だったね。［2と3］で5だったね。［3と2］で5だったね。［4と1］で5だったね。5じゃんの数が、（式の2数を指さしながら）式にあると、（答えの5を指さしながら）答えが5になる5じゃんたし算だったね！」
	③5じゃんひき算	T「じゃあ、次！　5じゃんひき算にはどんな式があったかな？」 ※自由に発言させる流れは同じ。 T「そうだね。5じゃんひき算はこれだけだったね！」 ※板書［5じゃんひきざん］の内容 T「実は……5じゃんひき算って、5じゃんたし算よりも見つけやすいんだけど……その秘密、わかるかな？？」

		※自由に発言させ、式の最初の数が5であることに気づいた発言があるかを確認。 T「そう！　5じゃんひき算は、式のはじめの数が5だね！　ここが5だったら、「あ！　5じゃんだ！」と、はかせさんは気づいてね！」
展開	①4じゃん [2・2]→[3・1]→[1・3] の順で指導する。	T「では、今日は……4じゃん行くよ！」 T「先生が、ぽん！で出した数（2）とあといくつで4になるかな？」 T「そう！　2と2で4だね！」 T「では、次は、ぽん（3）！　あといくつで4になる？」 T「そう！　3と1で4だね！」 T「では次！　ぽん（1）！」 T「そうです！　1と3で、4だね！」 T「はい。4じゃんおしまい。これだけ！」 ※黒板に掲示物［4じゃんサクランボ］を貼る。
	②4じゃんたし算	T「よし！　では、4じゃんたし算って……どんな式になるんだろう？」 ※指名して発表させる。子どもから出た式から板書していくが、板書の順序は板書計画2どおり（4じゃんたしざん）。 T「すばらしい！　これで4じゃんたし算は全部です！　これだけだよ。」
	③4じゃんひき算	T「次！　4じゃんひき算はどんな式だろう？」 ※指名して発表させる。子どもから出た式から板書していく。板書の順序は板書計画2どおり（4じゃんひきざん）。 T「すばらしい！　これで4じゃんひき算は全部です！　式のはじめの数が4だと、4じゃんひき算だね！」
	④3じゃん [2・1]→[1・2] の順で指導する。	T「よし！　ついでに3じゃんと2じゃんやってみよう！」 T「3じゃんいくよ！　じゃん、けん、ぽん（2）！　あといくつで3になる？」 T「そう！　2と1で3だね！」 T「次！　じゃん、けん、ぽん（1）！」 T「そう！　1と2で3だね！　3じゃんはこれだけ！」 ※黒板に掲示物［3じゃんサクランボ］を貼る。

	⑤２じゃん 　　［１・１］を指導	Ｔ「２じゃんいくよ！　じゃん、けん、ぽん（１）！……ぽん（１）！」 Ｔ「２じゃんは、これだけ！」 ※黒板に掲示物［２じゃんサクランボ］を貼る。
	⑥３じゃんたし算 ⑦３じゃんひき算	Ｔ「そして、３じゃん、２じゃんの式はこうなります。」 ※黒板に掲示物［３じゃんたしざん］［３じゃんひきざん］［２じゃんたしざん］［２じゃんひきざん］をすべて貼る。 ※たし算式を指でなぞりながら、 Ｔ「２と１で３だね。１と２で３だね。」 ※ひき算式を指でなぞりながら、 Ｔ「式のはじめに３があれば、３じゃんひき算だね！」
	⑧２じゃんたし算 ⑨２じゃんひき算	Ｔ「２じゃんは１＋１しかないね！　２－１しかないね！」
	○演習 ①フラッシュカード 　［５じゃん］ ②フラッシュカード 　［４じゃん］	○演習：フラッシュカード ※［５じゃんたしざん］をフラッシュカードにしたものに取り組む。 Ｔ「では練習してみます。このカードを見てください。（フラッシュカードの答えの部分を隠しながら）２＋３、答えは？」 Ｃ「ご（５）」 Ｔ「(答えを見せながら）そうです！」 Ｔ「（フラッシュカードを次々に見せながら）ではこれは？　これは？　これは？」 Ｔ「なんか気づいた？　そうだね。（５じゃんたし算は）全部答えが５だったね。」 Ｔ「ではここに……、４じゃんたし算を混ぜるよ。」 ※フラッシュカード［４じゃんたしざん］を目の前で混ぜてカードを切る。 Ｔ「さあ！　式を見て、５じゃんか、４じゃんか、気づいてよー！　いくぞ！」 Ｔ「すごいね！」 Ｔ「では、次は５じゃんひき算いくぞ！」 ※フラッシュカード［５じゃんひきざん］に取り組む。

		T「4じゃんひき算を混ぜるぞ！」
		※フラッシュカード［4じゃんひきざん］を混ぜてカードを切る。
		T「おー！　頑張りました！」
まとめ	○あいさつ	T「これで今日の計算はかせの学習はおしまいです。5じゃん、4じゃん、3じゃん、2じゃんのたし算とひき算、しっかり頑張りましょう！」

板書計画2

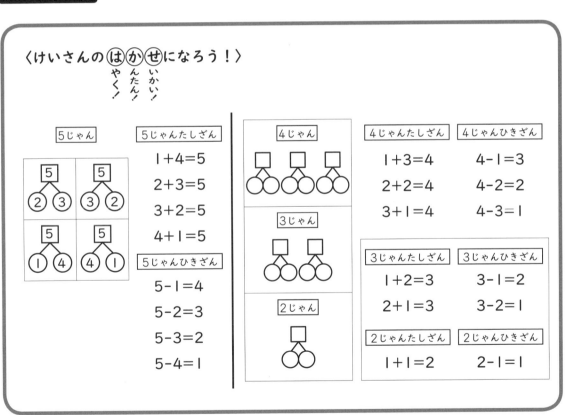

指導③ 5といくつ

指導時間：15分〜20分
準備物：フラッシュカード（5といくつ）

展開	活動	教示と予想される児童の発言 および指導上の留意点
導入	○あいさつ	T「みなさん、おはようございます。今日も計算はかせの学習を頑張りましょう！」
	ウォーミングアップ ①5じゃん	T「では、まず、復習です。5じゃんいくよー！」 ※「じゃーん、けん、ぽん (2)！……ぽん (3)！」→ [4・1][3・2][1・4] の順で実施。 T「すばらしい！　みなさん、もうすっかり5じゃんはかせですね！」
	②5じゃんひき算	T「では、5じゃんひき算やってみよう！」 ※フラッシュカード [5じゃんひきざん] に取り組む。 T「よくできています！　ひき算の式を見て、はじめの数字が5だ！と気づいたら、ぽん（左手2）と、ぽん (右手3) で答えがすぐにわかりますね。これが5じゃんひき算です。」
展開	①5といくつ	T「では、今日は、『5といくつ』の学習です。」 ※板書「5といくつ」 T「このカードを見てください。」 ※ [5といくつ] のタイル部分をフラッシュカードにしたもの（本書のP52参照）のうち、「6」を見せて数えさせる。 T「ブロックはいくつあるかな？」 C「6個！」 T「そうですね。6ですね。（タイルのフラッシュカードを次々と見せながら）これは？　これは？　これは？」 ※「8」→「7」→「9」→「6」と素早く見せる。 T「速すぎた？　難しかったですか？」 T「でも、実は、はかせはこんなの簡単にわかっちゃいます。みんなで一緒にその秘密を考えてみましょう。」 ※黒板にフラッシュカードを貼る。 T「何か気づいたことはありませんか？」 ※以下の点に気づかせる。 ・黄色と白に分かれている。
	「6」 「8」→「7」→「9」 →「6」	

		・１〜５までが黄色、５以上が白。
		・黄色の５は全部のカードにある。
		・白が１つずつ増えている。
		Ｔ「すばらしい！　このカードの秘密は発見されましたね。カードはすべて「５といくつ」でできています。」
		Ｔ「５と１で６、５と２で７、５と３で８、５と４で９、５と５で10ですね。」
		Ｔ「では、練習してみましょう！」
		※フラッシュカード［５といくつ］に取り組む。
		Ｔ「すごいね！　はかせみたいに答えられるようになったね！」
	②両手で５といくつ ・指導者の両手を見て数を答える。	Ｔ「では、次は先生の手を見てね！」 Ｔ「これいくつ？［５・１］」→Ｃ「６」 Ｔ「これいくつ？［５・２］」→Ｃ「７」 Ｔ「これいくつ？［５・３］」→Ｃ「８」 Ｔ「これいくつ？［５・４］」→Ｃ「９」 Ｔ「これいくつ？［５・５］」→Ｃ「10」 Ｔ「さすがだね！　５といくつは両手でできるね！」 ※自分の両手で「５といくつ」で６以上の数を確認する。
	・指導者の指示する数の指を出す。	Ｔ「じゃあ次は、先生が数を言うから、みんなが両手で指を出してね！」 ※「６」→「７」→「８」→「９」→「10」の順に実施後、数回ランダムに実施する。
	③５といくつたし算 ［５＋１＝ ］ ［５＋２＝ ］ ［５＋３＝ ］ ［５＋４＝ ］	Ｔ「では、これをたし算にすると……。」 ※板書［５＋１＝ ］［５＋２＝ ］［５＋３＝ ］ ［５＋４＝ ］と答えのスペースを空けて書く。 ※子どもは両手で確認しながら答えを書く。
	④５といくつひき算 ［６－５＝ ］ ［７－５＝ ］ ［８－５＝ ］ ［９－５＝ ］ ［10－５＝ ］	Ｔ「これをひき算にすると……。」 ※板書［６－５＝ ］［７－５＝ ］［８－５＝ ］ ［９－５＝ ］［10－５＝ ］と答えを空けて書く。 ※子どもは両手で確認しながら答えを書く。 Ｔ「６から５を引くと？」 Ｃ「１！」

		T「そうです。6－5は、1ですね！」
		※7－5、8－5と進める。
		T「最後は……こんな問題です。」
		※板書 [6－1＝　] [7－2＝　] [8－3＝　] [9－4＝　] [10－5＝　] と答えを空けて書く。
		T「これも、5といくつひき算なのがわかりますか？」
		※両手で確認しながら答えを書く。
		T「6から1とる！　いくつ残った？」
		※7－2、8－3と進める。
		T「よくできました。これで、『5といくつたしざん』も、『5といくつひきざん』もはかせになれますね！」
まとめ	○あいさつ	T「今日の計算はかせの学習はここまでです。今日は『5といくつ』でした！」

板書計画3

〈けいさんの ㊊ ㊎ ㊛ になろう！〉
や　ん　い
く　た　か
！　ん　い
　　！　！

5といくつ

□□□□	
□□□□□	5と1で6
□□□□□□	5と2で7
□□□□□□□	5と3で8
□□□□□□□□	5と4で9
□□□□□□□□□	5と5で10

※タイルの部分をフラッシュカードにする

5といくつたしざん	5といくつひきざん	
5＋1＝6	6－5＝1	6－1＝5
5＋2＝7	7－5＝2	7－2＝5
5＋3＝8	8－5＝3	8－3＝5
5＋4＝9	9－5＝4	9－4＝5
5＋5＝10	10－5＝5	10－5＝5

指導④ 10じゃん

指導時間：15分〜20分
準備物：掲示物「10じゃんサクランボ」　配布物：「10のサクランボワーク」

展開	活動	教示と予想される児童の発言 および指導上の留意点
導入	○あいさつ	Ｔ「おはようございます。今日も計算はかせの学習を頑張りましょう！」
	ウォーミングアップ ○5といくつ ・指導者の両手を見て数を答える。	Ｔ「では、まず、復習です。『5といくつ』、いくよー！」 Ｔ「先生がこうやって（6）出したら、これいくつ？」 Ｃ「ろく（6）！」 Ｔ「そうですね！　ではこれは？　これは？　これは？」 ※ランダムで6、7、8、9、10を確認する。
	・指導者の指示する数の指を出す。	Ｔ「では、先生が「ろく（6）」って言ったら、みんなどうやって指を出す？　自分でやってみて？」 ※自分のほうに手のひらを向けて行うように指示する。 ※ランダムで6、7、8、9、10を確認する。
	○5といくつひき算	Ｔ「では、『5じゃんひきざん』もやってみよう！」 ※フラッシュカード［5じゃんひきざん］に取り組む。 Ｔ「すばらしい！　よくできています！」
展開	① 10じゃん ［5・5］ ［6・4］ ［7・3］ ［8・2］ ［9・1］の順 ［4・6］ ［3・7］ ［2・8］ ［1・9］の順	Ｔ「では、今日は、『10じゃん』の学習です。」 ※板書 Ｔ「10じゃん、いくよ！　先生がぽん（5）と出したら、あといくつで10になる？」 Ｔ「ご（5）！」 Ｔ「そうだね！　指も出そう！」 Ｔ「では、次は、ぽん（6）！　これ、いくつ？」 Ｃ「ろく（6）！」 Ｔ「そうだね！　では、あといくつで10になる？」 Ｃ「よん（4）！」 Ｔ「そう、そう！　指も出そうね！」 ※以下、数詞も聞かせ、言わせながら行う。 Ｔ「では、次、ぽん（7）！　……7はあといくつで10になる？」 Ｃ「さん（3）！」 Ｔ「そうだね！」

		T「では、ぽん（8）。（先生は）はち（8）！　みんなは？」 T「に（2）！」 T「ぽん（9）。（先生は）きゅう（9）！　みんなは？」 C「いち（1）！」 T「すばらしい！　と、いうことで、10じゃんの答えは全部でこれだけです！」
	○ 10じゃん練習と 10のサクランボ ワーク	※黒板に掲示物［10じゃんサクランボ］を貼る。 T「1と9で10だね。2と8で10だね……（略）5と5で10だね！」 T「では、ちょっと次は難しくなるよ。よく考えてね。これもよく見てね（サクランボを指さす）。」 T「先生が、ぽん（1）と出したら、あといくつで10になる？」 C「きゅう（9）！」 T「そう！　指で出してみて！　そう、そう！」 T「では、ぽん（2）。（先生は）に（2）！　みんなは？」 C「はち（8）！」 T「そう、そう！」 ※続けて同様に［4・6］［5・5］を行う。 T「では、今からグループごとに特訓していくよ！　先生が行くグループの人は一緒に『10じゃん』をします！　そのほかの人はこのプリントをやって待っていてください。では、配ります。」 ※子どもを座席グループで四分の一（1グループ4〜5人）に分け、1グループずつ『10じゃん』に取り組む。 ※［10のサクランボワーク］(本書P61参照)を配布する。
	② 10じゃんたし算	T「この10じゃんがたし算になると……こうなります！」 ※板書「10じゃんたしざん」（答えは書かず、スペースを空けておく。） T「1たす9は？」 C「じゅう（10）！」 T「そう、そう！」 ※式を指で確認しながら、子どもに応答して答えを書く。

	③ 10じゃんひき算	T「では、10じゃんがひき算になると……こうなります！」 ※板書「10じゃんひきざん」（答えは書かず、スペースを空けておく。） T「10は1と？」 C「きゅう（9）！」 ※子どもと応答しながら答えを書く。
	④ 10じゃんたし算 ⑤ 10じゃんひき算	T「では、練習してみましょう！」 ※フラッシュカード［10じゃんたしざん］［10じゃんひきざん］に取り組む（一斉）。 →時間があれば個人でも取り組む。
まとめ	○あいさつ	T「今日はこれでおしまいです！　今日も計算はかせの学習、頑張りました！」

板書計画4

〈けいさんの ㊔ ㋕ ㋡ になろう！〉
いかい！
かんたん！
やく！

10じゃん	10じゃんたしざん		10じゃんひきざん	
	1+9=10	9+1=10	10-1=9	10-6=4
	2+8=10	8+2=10	10-2=8	10-7=3
	3+7=10	7+3=10	10-3=7	10-8=2
	4+6=10	6+4=10	10-4=6	10-9=1
	5+5=10		10-5=5	

指導⑤たし算まとめ

指導時間：15分〜20分
準備物：掲示物「たし算一覧表」「数字カードゲームのカード」

展開	活動	教示と予想される児童の発言 および指導上の留意点
導入	○あいさつ	T「みなさん、計算はかせの学習を頑張りましょう！」
	○ウォーミングアップ ①5じゃん	T「では、まず、復習です。5じゃんいくよー！」 　2→1→4
	②5といくつ	T「すばらしい！　では、次は『5といくつ』です。これいくつ？」6→8→9
	③10じゃん	T「いいね！　では、10じゃんいくよ！」5→8→3 T「オッケー！　みんな、もうすっかりはかせですね！」
展開	①たし算まとめ	T「では、今日も新しい学習を始めます。今日でたし算の学習は最後になります。」 ※これまでの活動で学んできた式をグループで確認させ、和が10以下の加算は全部でいくつあるか考えさせる。 T「問題です！　今までみなさんは、たくさん計算の学習をしてきましたが、答えが10より小さいたし算って、全部でいくつあると思いますか？」 ※意味を理解していない子どもがいれば、黒板に具体的な式の例をあげて説明する。 T「10より少ないと思う人？」（20ぐらい→50ぐらい→100より大きい、と同様に聞いていく。） T「実は、答えが10より小さい数のたし算って……これだけしかないんです！」 ※掲示物［たし算一覧表1枚目］を黒板に貼る。 ※本書P68「たし算のまとめ」参照。 T「どうですか？　多いと思った人？　少ないと思った人？」 T「答えが10より小さいたし算って、全部でこれだけ。45個しかないんだよね！」 T「たったこれだけなので、答えを覚えちゃえば、もうみんな計算はかせなんだよ！」
	○はかせのひみつ	T「ところで……この中に、今までにやって、みんながもう『はかせな問題』が、たくさんあるよね？」 T「まず、『5じゃん』のたし算ってどこにあるだろう？」 T「ここにあったね！」 ※式を○で囲む。

		T「次は、『2・3・4じゃん』もやったよね？　どこにあるだろう？」 T「ここにあるね。」 　※式を○で囲む。 T「次は、『5といくつ』の式はどこにあるかな？　ここにあるね！」 　※式を○で囲む。 T「次は、『10じゃん』の式はどこにあるかな？　ここにあるね！」 　※式を○で囲む。 T「見つけたねー！　45個のうち、あともうこれだけやればいいから、はかせにできるね！」 T「では、はかせの最後の秘密を教えます。」
	②加数・被加数逆の式	T「ところで、これ見て！　いくつ［2・3］？」 　→［2・3］→［3・2］と両手の指で示す。 　※左右の手を入れ替えて和を問う。 T「そう、そう！　数字が右と左、反対になっても、たし算の答えは一緒だよね！」 T「じゃあ、ここの、2＋3の反対の式はどれかな？」 　※子どもとやりとりしながら、式に×をつけていく。 T「残りはちょっとになったね！　じゃあ、あともう1つ、はかせの秘密を教えます。」
	③加数1の式	T「(9＋1を指さしながら) 9の次の数ってなんだろう？」 C「じゅう（10）！」 T「そう！　じゃあ、9＋1。9に1つ増えたら、10になるね！」 T「じゃあ、8＋1。8に1つ増えたら？」 C「きゅう（9）！」 T「そう、そう！」 　※子どもと応答しながら続ける。
	④加数・被加数が同数	T「次は……この式を見てね。何か気づくことはない？」 　※板書［おなじ数（板書計算5のとおり）］ C「どっちも同じ数字！」

		T「そう！　しかも、1＋1は『2じゃん』、2＋2は『4じゃん』、5＋5は『10じゃん』だから、もうできるよね。3＋3と4＋4の答えは、覚えられるかな？」 C「3＋3＝6、4＋4＝8」 T「すばらしい！」
	⑤分類されなかった式の確認 「2＋4」「2＋6」「2＋7」「3＋4」「3＋6」	※2＋4＝6、2＋6＝8、2＋7＝9、3＋4＝7、3＋6＝9を板書 T「なんと！　あとたった5つの式の答えを覚えるだけで、はかせの『たし算』学習は終わりです」 T「では、『数字カードゲーム』をやってみましょう。」 ※「数字カードゲーム」を行う（本書P69参照）。
まとめ	○あいさつ	T「今日はたし算の表で、これまでやってきた式を確認しましたね。はかせの『たし算』はおしまいです。みなさん、よく頑張ってくれました！」

板書計画5

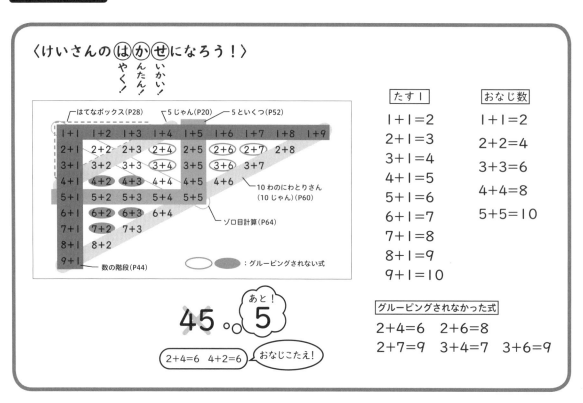

指導⑥ひき算まとめ

指導時間：15分〜20分
準備物：掲示物「ドットカード」「ひき算一覧表」

展開	活動	教示と予想される児童の発言 および指導上の留意点
導入	○あいさつ ○ウォーミングアップ	・「5 じゃん」 ・「5 といくつ」（指→数詞、数詞→指） ・「10 じゃん」
展開	①ひき算まとめ	T「今日はひき算の秘密を教えましょう！」 T「まず、これを見てね。」 ＊掲示物「ドットカード」を黒板に貼る。 「5つあるね」　　「いくつ　隠れた？」 T「式にしてみるね！　もともとあった数は5、先生が隠したあとに、見えてる数は3、じゃあ先生が隠した数は？」 C「に（2）！」 T「どうしてわかったの？　どんな計算をしたの？」 C「5－3して2！　ひき算したよ。」 C「3＋2は5だから！　たし算した！」 ※以下のように板書する。

135

| | | ※練習問題を以下のように板書する。
　5－2＝□　　　　10－3＝□
　→5＝2＋□　　　→10＝3＋□

T「なるほど、そうだね！　こんなふうに、ひき算って、もとの数にするためには、見えている数に何を足したらいいのかなって、たし算で考えると簡単だね！」

T「では、ひき算の秘密をさらに教えましょう！」
・和が10以下の加算は全部でいくつあるか考えさせる。
・[ひき算一覧表]を掲示し、全部で45問であることを確認する。
※掲示物[ひき算一覧表]を貼る。
※本書P72「ひき算のまとめ」参照
※これまで学習してきた活動ごとに式を確認する。
・『5じゃんひき算』の式を探す。
・『4・3・2じゃんひき算』の式を探す。
・『10じゃんひき算』の式を探す。
・『5といくつひき算』の式を探す。

※「減数1の式」の秘密を考える（本書P133③「加数1の式」と同様に行う）。

※「減数・差が同数」の秘密を考える（本書P64参照）。

※分類されなかった式を確認する。
・「9－2」「9－3」「9－6」「9－7」
・「8－2」「8－6」
・「7－3」「7－4」
・「6－2」「6－4」 |
| まとめ | ○あいさつ | |

板書計画6

〈けいさんの ㊐ ㊍ ㊛ になろう！〉
い　ん　や
か　た　く
い　ん　！
！　！

※ドットカード

5 - 3 = 2

もとのかず　みえているかず　みえているかず

5 = 3 + 2

5 － 2 ＝□　　10 － 3 ＝□
→ 5 ＝ 2 ＋□　→ 10 ＝ 3 ＋□

数の階段(P48)　　　　5といくつ(P56)　10わのにわとりさん
(10じゃん)(P60)

| 10-1 | 10-2 | 10-3 | 10-4 | 10-5 | 10-6 | 10-7 | 10-8 | 10-9 |

9-1　⑨-2　⑨-3　9-4　9-5　⑨-6　⑨-7　9-8
8-1　⑧-2　8-3　8-4　8-5　⑧-6　8-7
7-1　7-2　⑦-3　⑦-4　7-5　7-6
6-1　⑥-2　6-3　⑥-4　6-5
5-1　5-2　5-3　5-4
4-1　4-2　4-3
3-1　3-2
2-1

◯ ：グルーピングされない式

5じゃん(P22)

ゾロ目計算(P64)
おはじきかくし(P32)

45 ◦ あと！ 5

ひく1		おなじ数
2-1=1		2-1=1
3-1=2		4-2=2
4-1=3		6-3=3
5-1=4		8-4=4
6-1=5		10-5=5
7-1=6		
8-1=7		
9-1=8		

グルーピングされなかった式

9-7=2	9-6=3
9-2=7	9-3=6
8-6=2	7-4=3
8-2=6	7-3=4
6-4=2	
6-4=2	

指導⑦くり上がりのたし算

指導時間：45分

展開	活動	指導上の留意点
展開	○あいさつと今日のめあての確認	
	たしざんかいじゅうと一緒にくり上がりのたし算をしよう！	
	①和が20以下のくり上がりのたし算の分類 ○くり上がりのたし算一覧表 ・指導5(P132～)・指導6(P135～)の「たし算一覧表」「ひき算一覧表」と同様に、くり上がりのたし算が全部で何問あるか考える。 9+9 8+9 7+9 6+9 5+9 4+9 3+9 2+9 9+8 8+8 7+8 6+8 5+8 4+8 3+8 9+7 8+7 7+7 6+7 5+7 4+7 9+6 8+6 7+6 6+6 5+6 9+5 8+5 7+5 6+5 9+4 8+4 7+4 9+3 8+3 9+2 ※くり上がりのたし算一覧表	・くり上がりのあるたし算は、全部で36問であることを確認する。 ・「3＋2」がわかれば「2＋3」もわかることを確認し、表にバツをつけて消していく。
		$3+2 \quad\quad 7+6$ $\downarrow$　おなじ！　$\downarrow$ ~~$2+3$~~　　　~~$6+7$~~
	9＋9 9＋8　8＋8 9＋7　8＋7　7＋7 9＋6　8＋6　7＋6　6＋6 9＋5　8＋5　7＋5　6＋5 9＋4　8＋4　7＋4 9＋3　8＋3 9＋2	・残りが20問であることを確認する。

② 10 進法の学習
○たしざんかいじゅうジューゴン

・くり上がりのある加算における 10 進法での計算手続きを理解する。

たしざんかいじゅう
ジューゴンは
おかたづけが大すき！
どんな大きな数も
ガッシャーン！と
10 のかたまりを
つくっちゃうよ！

・イラストとブロックを用いて「たし算かいじゅう "ジューゴン" のおかたづけ」の解説（本書 P82 参照）をする。

$$9 + 3 = 12$$

10 のかたまり
をつくるジュー！

9 を 10 にするためには、1ほしいので、3 から 1 かりるよ。3 から 1 をひくのはかんたんだ！これが一の位の答えになるよ。

・「9＋○」（「○＋9」）は、ジューゴンが得意な計算であることを確認する。

③ 5・2 進法の学習
○たしざんかいじゅうゴゴドン

・くり上がりのあるたし算における 5・2 進法での計算手続きを理解する。

たしざんかいじゅう
ゴゴドンは
おかたづけがじょうず！
どんな大きな数も
5 の小さな
かたまりにして
おかたづけするよ！

・イラストとブロックを用いて「たしざんかいじゅう "ゴゴゴン" のおかたづけ」の解説（本書 P76 参照）をする。

$$7 + 6 = 13$$

5 2 　 5 1

10 ＋ 3

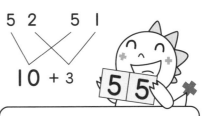

5 のかたまりをつくるゴゴー

	○ゴゴドンが得意な計算を知る。 　8＋8 　8＋7　7＋7 　8＋6　7＋6　6＋6 　8＋5　7＋5　6＋5 　8＋4　7＋4 　8＋3 　とくいだゴゴー！ ○ジューゴンとゴゴドンが得意な計算を振り返る。 9＋9　8＋9　7＋9　6＋9　5＋9　4＋9　3＋9　2＋9 9＋8　⑧＋⑧　7＋8　6＋8　5＋8　4＋8　3＋8 9＋7　8＋7　7＋7　6＋7　5＋7　4＋7 9＋6　8＋6　7＋6　6＋6　5＋6 9＋5　8＋5　7＋5　6＋5　ゴゴドンがとくいなたし算！ 9＋4　8＋4　7＋4 9＋3　8＋3 9＋2　ゴゴドンでもできなくないけれど…… ジューゴンがとくいなたし算！ ジューゴンがとくいなたし算！	・「8＋4」「8＋3」「7＋4」は、ゴゴドンでもできなくはないが、ジューゴンのほうがやりやすいことを確認する。 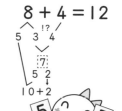
演習	○"ジューゴン"か"ゴゴドン"か、どちらがやりやすいか自分なりに考えながら練習問題に取り組む。  8＋8 ジューゴン？ゴゴドン？あなたはどっちがやりやすい？ ※ワークシート	・「8＋8」はジューゴンのほうがやりやすいか、ゴゴドンのほうがやりやすいか考えさせる。 ※左のようなワークシートを配布 ・10進法と5・2進法の両方で解いてみることを求めるが、どちらか一方だけになる子どもがいてもよい。 ・演習後に、どちらがやりやすかったか挙手させ交流し、どちらがよいかはそれぞれ人によって違うことを理解させる。
まとめ	○あいさつ	

指導⑧ くり下がりのひき算

指導時間：45分

展開	活動	指導上の留意点
展開	○あいさつと今日のめあての確認	
	ひきざんかいじゅうと一緒にくり下がりのひき算をしよう！	
	①くり下がりのひき算の分類 ○くり下がりのひき算一覧表 ・指導⑦「くり上がりのたし算一覧表」と同様の活動を行う。 11－9 11－8 11－7 11－6 11－5 11－4 11－3 11－2 12－9 12－8 12－7 12－6 12－5 12－4 12－3 13－9 13－8 13－7 13－6 13－5 13－4 14－9 14－8 14－7 14－6 14－5 15－9 15－8 15－7 15－6 16－9 16－8 16－7 17－9 17－8 18－9	・くり下がりのあるひき算は、全部で36問あることを確認する。
	②減加法の指導 ○ひきざんかいじゅうイッキー ・くり下がりのある減算における減加法での計算手続きを理解させる。 ひき算かいじゅうイッキーは、とってもくいしんぼう！大きな10のかたまりからガブッといっきに食べちゃうよ！	・イラストとブロックを用いて「ひきざんかいじゅう"イッキー"のおしょくじ」の解説（本書 P88 参照）をする。 10のかたまりから、いっきに食べるよ のこった数をたして（2＋3＝5） $$13－8＝5$$ ・式に補助数字を書く練習をさせる。 $$15－9＝6$$ 1＋5＝6

③減減法の学習
○ひきざんかいじゅうモットン
・くり下がりのある減算における減減法での計算手続きを理解させる。

・イラストとブロックを用いて「ひきざんかいじゅう"モットン"のおしょくじ」の解説をする。

モットンの食べるところに色をぬりましょう。

ひき算かいじゅうモットンは、小さいけれどいっぱい食べる！でもまだ赤ちゃんだから、小さい数から食べてモットモット！っていうよ。

10　10から1たべるよ。

まだ1たらないよ。モットモット食べるよ。

9　4

○モットンが得意なひき算を知る。

11-9 11-8 11-7 11-6 11-5 11-4 11-3 11-2
12-9 12-8 12-7 12-6 12-5 12-4 12-3
13-9 13-8 13-7 13-6 13-5 13-4
14-9 14-8 14-7 14-6 14-5
15-9 15-8 15-7 15-6
16-9 16-8 16-7
17-9 17-8
18-9

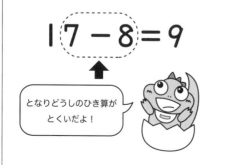

$$17 - 8 = 9$$

となりどうしのひき算がとくいだよ！

・減加法で取り組むことが多いが、たまに減減法に取り組めるとよいこと（あくまでイッキーは「おまけのかいじゅう」であること）を伝える。
・ただ、どの問題もモットンでやったほうが理解しやすいという子どもがいてもよい。

演習	○ "イッキー" か "モットン" か、どちらがやりやすいか自分なりに考えながら練習問題に取り組む。	・「17－8」はイッキーのほうがやりやすいか、モットンのほうがやりやすいか考えさせる。 ※左のようなワークシートを配布 ・減加法と減減法の両方で解いてみることを求めるが、どちらか一方だけになる子どもがいてもよい。 ・演習後に、どちらがやりやすかったか挙手させ交流し、どちらがよいかはそれぞれ人によって違うことを理解させる。
	$$17-8=$$ イッキー？ モットン？ あなたはどっちがやりやすい？ ※ワークシート	
まとめ	○あいさつ	T「今日でくり上がり・くり下がりのあるたし算・ひき算の計算はかせの学習は終了です！　みんな、はかせになれたかな？　難しいなと思ったら、計算かいじゅうの考え方を思い出そうね！」

計算はかせを目指そう！

著者プロフィール

熊谷恵子

筑波大学人間系教授。博士（教育学）東京出身。九州大学理学部化学科卒業、理系の仕事を経て、筑波大学大学院修士課程教育研究科障害児教育専攻修了、筑波大学大学院博士課程心身障害学研究科単位取得退学、その後、筑波大学助手、講師、助教授、準教授を経て現職。言語聴覚士、臨床心理士、学校心理士スーパーバイザー、特別支援教育士スーパーバイザー。発達障害のある人の支援に関わる研究を専門としている。

山本ゆう

筑波大学大学院人間総合科学研究科障害科学専攻博士後期課程在籍。修士（特別支援教育学）（筑波大学）、修士（教育学）（兵庫教育大学）。6年間の小学校教員経験を経て、現在に至る。臨床発達心理士。筑波大学心理・発達教育相談室で発達障害のある子どもの臨床に携わりながら研究を進めている。

参考文献

熊谷恵子、山本ゆう（2018）『通常学級で役立つ　算数障害の理解と指導法―みんなをつまずかせない！すぐに使える！アイディア48』　学研教育みらい

特別支援教育で役立つ たし算・ひき算の計算ドリル
算数障害のある子への指導法もわかる

2020年10月13日　第1刷発行

著　者	熊谷恵子・山本ゆう
発行人	甲原　洋
編集人	木村友一
企画編集	東郷美和
編集協力	浅原孝子、岡本侑子（エアインフィニティー）
デザイン	藤崎知子（トライ スパイラル）、吉岡朋子
イラスト	小林麻美、吉岡朋子
発行所	株式会社学研教育みらい 〒141-8416　東京都品川区西五反田2-11-8
発売元	株式会社学研プラス 〒141-8415　東京都品川区西五反田2-11-8
印刷・製本所	株式会社リーブルテック

《この本に関する各種お問い合わせ先》
●本の内容については、下記サイトのお問い合わせフォームよりお願いします。
　https://gakken-kyoikumirai.co.jp/contact/
●在庫については　Tel 03-6431-1250（販売部）
●不良品（落丁、乱丁）については　Tel 0570-000577
　学研業務センター　〒354-0045 埼玉県入間郡三芳町上富279-1
●上記以外のお問い合わせ　Tel 0570-056-710（学研グループ総合案内）

学研の書籍・雑誌についての新刊情報・詳細情報は、下記をご覧ください。
　学研出版サイト　https://hon.gakken.jp/